Christian Sasse

Auswirkungen von Pensionszusagen auf die wirtschaftliche Lage

Ein Vergleich alternativer Periodisierungskonzepte

Diplomica® Verlag GmbH

Sasse, Christian: Auswirkungen von Pensionszusagen auf die wirtschaftliche Lage. Ein Vergleich alternativer Periodisierungskonzepte, Hamburg, Diplomica Verlag GmbH 2007

ISBN: 978-3-8366-5341-1
Druck Diplomica® Verlag GmbH, Hamburg, 2007
Zugl. Ruhr-Universität Bochum, Bochum, Deutschland, Diplomarbeit, 2006

Bibliografische Information der Deutschen Bibliothek
Die Deutsche Bibliothek verzeichnet diese Publikation in der Deutschen Nationalbibliografie;
detaillierte bibliografische Daten sind im Internet über
<http://dnb.ddb.de> abrufbar.

Inhaltsverzeichnis

Abkürzungsverzeichnis

Abb.	Abbildung
Aufl.	Auflage
bAV	betriebliche Altersversorgung
BetrAVG	Gesetz zur Verbesserung der betrieblichen Altersversorgung
bzw.	beziehungsweise
c.p.	ceteris paribus
CVA	Cash Value Added
Darst.	Darstellung
DBO	Defined Benefit Obligation
DCF	Discounted Cash Flow
Diss.	Dissertation
EBIT	Earnings Before Interest and Taxes
EEI	Earned Economic Income
EStG	Einkommensteuergesetz
EU	Europäische Union
EVA	Economic Value Added
f.	folgende
ff.	fortfolgende
GE	Geldeinheit
ggf.	gegebenenfalls
GoB	Grundsätze ordnungsmäßiger Buchführung
HGB	Handelsgesetzbuch
Hrsg.	Herausgeber
IAS	International Accounting Standard
IASB	International Accounting Standards Board
IFRS	International Financial Reporting Standard
o.g.	oben genannt
p.a.	pro anno
PUC	Projected Unit Credit Method
ROCE	Return On Capital Employed
S.	Seite

SFAC	Statement of Financial Accounting Concepts
SFAS	Statement of Financial Accounting Standards
sog.	sogenannt
Sp.	Spalte
u.a.	und andere
Univ.	Universität
US-GAAP	United States Generally Accepted Accounting Principles
u.U.	unter Umständen
vgl.	vergleiche
WACC	Weighted Average Cost of Capital

Symbolverzeichnis

A	Annuität
a_t	prozentualer Anteil des Leistungsbarwerts in Periode t
DBO_t	Verpflichtungsumfang in Periode t
$DBO_{t=z}^{TW}$	Verpflichtungsumfang nach dem Teilwertverfahren in Periode z
EA_t	erdienter Anteil in Periode t
i	Zinssatz pro Jahr
$LBW_{t=v}$	Leistungsbarwert in Periode v
m	Anzahl der Perioden der gesamten Dienstzeit
n	Anzahl der Perioden der Leistungsphase
$SZF_{t=z}$	Sonderzuführung in Periode z
t	Periode
v	Periode, in der der Versorgungsfall eintritt
z	Periode, in der die Pensionszusage erfolgt
Z_t	Zinsen in Periode t
ZF_t	Zuführung in Periode t

Darstellungsverzeichnis

1. Einleitung

Seit Anfang 2005 schreibt die EU für kapitalmarktorientierte Konzerne verpflichtend die Anwendung der internationalen Rechnungslegungsstandards der IAS/IFRS (International Accounting Standards bzw. International Financial Reporting Standards) vor. Auch deutsche Unternehmen sind davon betroffen und müssen entsprechende Konzernabschlüsse aufstellen.[1] Hinsichtlich der betrieblichen Altersversorgung bedeutet dies, dass in den Konzernabschlüssen nur noch ein einziges Verfahren[2] zur Bewertung von betrieblichen Pensionszusagen erlaubt ist. Bei einem Anteil von 36% an der Marktkapitalisierung der DAX-30-Unternehmen (Stand: 31.12.2004)[3] wird klar, dass die betriebliche Altersversorgung aus Sicht der Unternehmen eine große Bedeutung haben muss. Die Frage, nach welchen Regeln sie diese Verpflichtungen bewerten und periodisieren sollen, hat für sie ein großes Gewicht. Die Bewertungsmethode beeinflusst Bilanzrelationen und damit auch die Finanzierungskosten. Zunehmende bilanzielle Auslagerung der Verpflichtungen ist die Folge.[4]

Gleichzeitig ist festzustellen, dass nach den IAS/IFRS bilanzierende Unternehmen zunehmend auf eine interne Erfolgsrechnung verzichten. Statt der klassischen Trennung von Kosten- und Leistungsrechnung auf der einen und dem Jahresabschluss auf der anderen Seite findet lediglich ein externes Rechnungslegungssystem nach IAS/IFRS Anwendung – auch auf interner Ebene. Begründet wird dies mit der Ausrichtung der IAS/IFRS an der Informationsfunktion des Jahresabschlusses. Wenn Investoren bestimmte Informationen erhalten, so die Idee, dann sei es nur konsequent, diese Informationen auch intern zu nutzen und auf ein zweites Rechnungssystem zu verzichten.[5] Dafür spricht der in mehreren Standards der IAS/IFRS vorgeschriebene „Management Approach". Er sieht vor, Daten des internen Reportings für die externe Rechnungslegung zu nutzen und so den Investoren die Sichtweise des Managements zu ermöglichen.[6]

---

[1]   Vgl. Schwinger/Mühlberger (2004), S. 29.
[2]   IAS 19 schreibt die sog. Projected Unit Credit Method vor. Vgl. hierzu Kapitel 3.1.1.
[3]   Vgl. Jasper/Delvai (2005), S. 506.
[4]   Vgl. Pellens/Fülbier/Gassen (2006), S. 424.
[5]   Vgl. Weißenberger (2004), S. 72. und Kley (2006), S. 150-152.
[6]   Vgl. Wagenhofer (2006), S. 4.

Insofern herrscht eine zweifache Konvergenz: Zum einen werden interne Daten und Informationen nach außen kommuniziert. Dies hat eine stärkere Bedeutung des Controlling für die externe Rechnungslegung zur Folge. Zum anderen dienen extern publizierte Informationen als Grundlage für interne Ergebnisgrößen.[7]

Wenn nun aber einerseits nach IAS/IFRS durch den „Management Approach" dem Controlling eine größere Bedeutung für die externe Rechnungslegung beigemessen wird, andererseits aber im Bereich der betrieblichen Altersversorgung explizit nur ein einziges Bewertungsverfahren zulässig ist, dann drängt sich die Frage auf, ob dieses Verfahren auch aus Controllingsicht optimal ist. Falls dies nicht der Fall sein sollte, hieße dies, dass im Zweifelsfall Investoren Managemententscheidungen nur eingeschränkt nachvollziehen können. Informationen hinsichtlich der wirtschaftlichen Lage des Unternehmens wären für die Adressaten des Konzernabschlusses möglicherweise nicht aussagekräftig. Zur Beantwortung der o.g. Frage soll deshalb in der vorliegenden Arbeit ein Vergleich der denkbaren versicherungsmathematischen Verfahren durchgeführt werden. Der dafür benötigte Vergleichsmaßstab soll ebenfalls hergeleitet werden.

Die Arbeit beginnt in Kapitel 2 mit begrifflichen Grundlagen zur betrieblichen Altersversorgung und dem Begriff der wirtschaftlichen Lage. In Kapitel 3 schließt sich eine Darstellung sowie der Vergleich der unterschiedlichen versicherungsmathematischen Verfahren an. Es bildet den Hauptteil der Arbeit. Die Darstellung erfolgt sowohl formal als auch mit Bezug zu den Vorschriften der Rechnungslegung. Der für den Vergleich notwendige Vergleichsmaßstab wird dort hergeleitet. Kapitel 4 enthält ein Beispiel, dass die Auswirkungen der versicherungsmathematischen Periodisierungskonzepte auf die Periodenerfolge eines Unternehmens erläutert. Kapitel 5 schließt mit einer Zusammenfassung der Ergebnisse. Laufende Pensionszusagen sowie die Frage, ab wann zugesagte Pensionsleistungen für den Arbeitnehmer unverfallbar werden, sollen in der vorliegenden Arbeit nicht behandelt werden.

---

[7] Vgl. Weißenberger/Arbeitskreis „Controller und IFRS" (2006), S. 347 f. und Wagenhofer (2006), S. 3.

2.   Grundlagen

In diesem Kapitel sollen zunächst die beiden für die vorliegende Arbeit wesentlichen Begriffe erläutert werden. Zuerst werden kurz die Formen und Durchführungswege von Pensionszusagen losgelöst von Rechnungslegungsnormen dargestellt. Im zweiten Teil des Kapitels erfolgt eine Darstellung des Begriffs der wirtschaftlichen Lage. Außerdem wird die Bedeutung dieses Begriffs für das Controlling aufgezeigt.

2.1   Pensionszusagen

2.1.1   Gründe für eine betriebliche Altersversorgung

Die Existenz von betrieblichen Altersversorgungssystemen[8] kann über eine einzelwirtschaftliche und eine gesamtwirtschaftliche Sichtweise begründet werden. Letztere erklärt betriebliche Altersversorgung als eine Art „dritte Säule" neben privater und gesetzlicher Altersversorgung in Deutschland.[9] Aufgrund der Probleme der umlagefinanzierten gesetzlichen Systeme kommt ihr eine wachsende Bedeutung zu. Die im angelsächsischen Raum üblichen Pensionsfonds stellen dort darüber hinaus einen wichtigen Mittelzufluss für die Kapitalmärkte[10] dar.

Auf der einzelwirtschaftlichen Ebene kann die betriebliche Altersversorgung von zwei Seiten betrachtet werden. Zum einen ermöglicht sie es den Unternehmen, im Wettbewerb um Mitarbeiter, vor allem um Führungskräfte, Personal zu binden und als attraktiver Arbeitgeber aufzutreten. Zum anderen ermöglichen steuerliche Regelungen den Unternehmen eine Finanzierung mittels Pensionsrückstellungen. Solche Pensionsrückstellungen können als Substitut für anderes Fremdkapital dienen und sind aufgrund ihrer Merkmale ein beliebtes Instrument zur Innenfinanzierung. So stellen sie die wohl langfristigste Verbindlichkeit überhaupt dar und können in einem gewissen Rahmen an die wirtschaftliche Entwicklung angepasst werden.[11]

---

[8]   Diese können alternativ auch eine Invaliditäts- oder Hinterbliebenenversorgung umfassen.
[9]   Vgl. Wellisch (2004), S. 599.
[10]   Vgl. Arbeitskreis „Finanzierung" der Schmalenbach-Gesellschaft für Betriebswirtschaft e.V. (1998), S. 326.
[11]   Vgl. Gohdes/Meier (2003), S. 1377 f.

2.1.2 Ausgestaltungsformen und Durchführungswege

Prinzipiell können Pensionszusagen entweder vollständig durch das zusagende Unternehmen abgewickelt werden, so dass dieses für die Pensionsleistungen aufkommen muss (sog. unmittelbare Zusage) oder das zusagende Unternehmen verpflichtet sich lediglich zur Zahlung von „Pensionsprämien" an einen externen Dritten, der dann für die Leistung gegenüber den Pensionsempfängern verantwortlich ist (sog. mittelbare Zusage). [12] Beide Ausgestaltungsformen erlauben eine Pensionsauszahlung in Renten- oder Kapitalform und sind grundsätzlich[13] sowohl nach dem HGB (Handelsgesetzbuch) und den IAS/IFRS als auch nach den US-GAAP (United States Generally Accepted Accounting Principles) erlaubt.

In Deutschland stehen Unternehmen für die betriebliche Altersversorgung insgesamt fünf Durchführungswege zur Verfügung: Direktzusage, Direktversicherung, Unterstützungskasse, Pensionskasse und Pensionsfonds, wobei lediglich die Direktzusage in die Kategorie der unmittelbaren Zusagen fällt. In Deutschland dominiert klar die Direktzusage,[14] während vor allem im angelsächsischen Raum der Pensionsfonds diese Rolle[15] einnimmt.

Je nach Ausgestaltungsform und Durchführungsweg kann das zusagende Unternehmen sich für leistungsdefinierte oder beitragsdefinierte Pensionszusagen entscheiden. Bei der erstgenannten Variante wird zum Zusagezeitpunkt zwischen Arbeitnehmer und Arbeitgeber eine fixe Leistung für den Eintritt des Versorgungsfalls vereinbart. Bei der zweiten Variante wird nur die vom Arbeitgeber zu leistende Prämie vereinbart. Allerdings verbleibt das Anlagerisiko bei beitragsdefinierten Zusagen letztlich beim Arbeitnehmer.[16] Folgende Darstellung fasst die Varianten der betrieblichen Altersversorgung in Deutschland zusammen:

---

[12] Vgl. Siepe (1997), S. 453. Speziell nach IAS 19 spielt diese Unterscheidung aber nur eine untergeordnete Rolle. Vgl. dazu Mühlberger/Schwinger (2006), S. 13.

[13] Auf die Feinheiten der Ausgestaltungsformen und der darauf anzuwendenden Rechts- und Rechnungslegungsnormen soll hier im folgenden nicht eingegangen werden, da der Fokus der vorliegenden Arbeit stärker auf den Periodisierungskonzepten liegt.

[14] Vgl. Meier/Recktenwald (2006), S. 707. Zu den einzelnen Durchführungswegen vgl. Molzahn (2006), S. 32-34.

[15] Vgl. Wellisch (2004), S. 599.

[16] Vgl. Planert (2006), S. 6 f. und Molzahn (2006), S. 34 f.

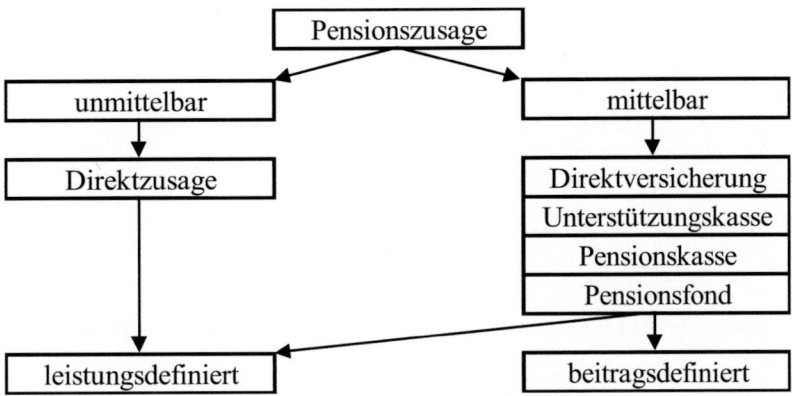

Darst. 1: Betriebliche Altersversorgung
(Quelle: eigene Darstellung)

Die Entscheidung für beitrags- oder leistungsdefinierte Zusagen wirkt sich auf die Finanzlage des zusagenden Unternehmens aus. Der Grund liegt darin, dass beitragsdefinierte Zusagen zwangsläufig mit einem Mittelabfluss beim Arbeitgeber einhergehen, während bei leistungsdefinierten Zusagen zwei Möglichkeiten bestehen: Zum einen können die Mittel intern im Unternehmen über Pensionsrückstellungen angesammelt werden. Zum anderen kann die Ansammlung außerhalb des Unternehmens, z.B. in einem Pensionsfonds, erfolgen.[17] Die Analyse der Auswirkungen von Pensionszusagen auf die Finanzlage eines Unternehmens erfolgt später unter Berücksichtigung der Rechnungslegungsnormen von HGB bzw. IAS/IFRS in Kapitel 3.2.4. An dieser Stelle ist festzuhalten, dass die vorliegende Arbeit keine beitragsdefinierten Zusagen behandelt, weil diese lediglich zu einer einfachen Aufwandsbuchung führen.[18] Periodisierungskonzepte kommen dann gar nicht zur Anwendung.

An der Durchführung einer betrieblichen Altersversorgungsmaßnahme ist jedoch nicht immer nur der Arbeitgeber beteiligt. Auch der Arbeitnehmer kann dazu beitragen, indem er auf einen Teil seines normalen Gehalts zugunsten einer späteren Pensionsleistung – ob nun als Rente oder als Einmalzahlung – verzichtet. Dieser Verzicht wird als sog. Entgeltumwandlung bezeichnet. Sie erlaubt es, Pensionszusagen nicht als einseitiges „Geschenk" des Arbeitgebers, sondern lediglich als Lohn- oder Gehaltssubstitut anzusehen.[19]

---

[17] Vgl. Pellens/Fülbier/Gassen (2006), S. 426.
[18] Vgl. Mühlberger/Schwinger (2006), S. 13 f.
[19] Vgl. Drukarczyk/Ebinger/Schüler (2005), S. 238.

Durch den Verzicht des Arbeitnehmers kommt es zu einem Kreditverhältnis zwischen ihm und dem Arbeitgeber.[20] Da die Kompensation für den heutigen Entgeltverzicht erst in der Zukunft erfolgt, wird sich der Arbeitnehmer nur dann dazu entschließen, wenn er sich ökonomisch nicht schlechter stellt. Es muss also Wertgleichheit zwischen den beiden Alternativen einer sofortigen Lohn- und einer späteren Pensionszahlung herrschen. Da die Besteuerung von Altersbezügen meist anders gestaltet ist als jene von Löhnen und Gehältern, muss bei der Herstellung von Wertgleichheit neben einem Zins als Ausdruck für den Zeitwert auch die Besteuerung Berücksichtigung finden.[21] Ein entsprechendes Kalkül, dass eine aus Arbeitnehmersicht mindestens neutrale Pensionsleistung bestimmbar macht, soll hier nicht behandelt werden. Es sei an dieser Stelle auf entsprechende Literatur verwiesen.[22] Zu erwähnen ist aber noch, dass eine Entgeltumwandlung eine Möglichkeit zur Finanzierung von betrieblicher Altersversorgung darstellt. So ist der Extremfall denkbar, dass Pensionszusagen vollständig durch den Gehaltsverzicht der jeweils begünstigten Arbeitnehmer finanziert werden. Ein dabei auftretender Steuervorteil des Unternehmens wäre prinzipiell zwischen Arbeitnehmer und Arbeitgeber frei verhandelbar.[23]

Festzuhalten bleibt, dass für Pensionszusagen verschiedenste Durchführungswege und Ausgestaltungsformen denkbar sind. Die Entscheidung für eine davon hängt von einer Vielzahl von Faktoren ab. Neben arbeits-, steuer- und handelsrechtlichen Regelungen spielt auch die Finanzierung eine Rolle. Da sie lediglich den Arbeitnehmer belastet, bietet sich unter diesem Gesichtspunkt aus Unternehmenssicht die Entgeltumwandlung an.

2.2 Die wirtschaftliche Lage eines Unternehmens

2.2.1 Begriff und Ausprägungen – Erfolg, Vermögen, Finanzen

Der Begriff der „wirtschaftlichen Lage" eines Unternehmens taucht zunächst im Zusammenhang mit der externen Rechnungslegung auf. So verlangt das HGB für

---

[20] Vgl. hierzu Kapitel 3.1.
[21] Vgl. Dirrigl (1997), S. 56.
[22] Vgl. z.B. die Arbeit von Drukarczyk/Ebinger/Schüler (2005), die auch Auswirkungen der Sozialversicherungsbeiträge berücksichtigt.
[23] Vgl. Dirrigl (1997), S. 57.

Kapitalgesellschaften und Konzerne, dass der von diesen aufzustellende Lagebericht „ein den tatsächlichen Verhältnissen entsprechendes Bild" von Geschäftsverlauf, -ergebnis und der Lage des Unternehmens vermittelt.[24] Ähnliches fordert das Rahmenkonzept der IAS/IFRS für den Jahresabschluss.[25] Auch jeder andere ordentliche Kaufmann muss gemäß HGB seine Bücher so führen, dass ein sachverständiger Dritter sich über die Lage des Unternehmens informieren kann.[26] Die wirtschaftliche Lage scheint also ein zentrales Thema der Rechnungslegung zu sein. Zu fragen ist nun zunächst, was unter der wirtschaftlichen Lage zu verstehen ist. In der Literatur ist eine Aufspaltung des Begriffs auf drei Teilbereiche üblich, von denen jeder eine bestimmte Ausprägung des Oberbegriffs der wirtschaftlichen Lage darstellt. Es wird unterschieden zwischen der Erfolgslage, der Vermögenslage und der Finanzlage.[27]

Die Erfolgslage als erster Teilbereich beschreibt die Fähigkeit eines Unternehmens, Erträge zu erwirtschaften, die die dabei entstehenden Aufwendungen exakt decken oder übersteigen. Typische Messgröße zur Beurteilung der Erfolgslage ist der Periodenerfolg. Ein möglichst hoher Periodenerfolg in einer jeweiligen Berichtsperiode wird dabei als optimal unterstellt. Seine Feststellung erfolgt im externen Rechnungswesen mithilfe der Gewinn- und Verlustrechnung, im internen Rechnungswesen dagegen mittels der Kosten- und Leistungsrechnung.[28] Den zweiten Teilbereich der wirtschaftlichen Lage bildet die Vermögenslage. Die Vermögenslage umfasst die Veränderung des Vermögensbestandes im Lauf einer Berichtsperiode. Der Anfangs- und der Endbestand des gesamten Vermögens werden verglichen und eine Steigerung des Bestands vom Unternehmen als positiv angesehen. Zunächst muss aber hinsichtlich des Vermögensbegriffs selbst differenziert werden zwischen dem Bruttovermögen, das dem Wert aller Aktiva eines Unternehmens entspricht, und dem Nettovermögen, das dem Saldo aus Aktiva und Fremdkapital entspricht und daher gleich dem Eigenkapital ist. In beiden Fällen kann der Wert des Vermögens auf zwei Arten gemessen werden, entweder mittels Gesamt- oder mittels Einzelbewertung. Die Gesamtbewertung nimmt dabei eine Bewertung der zukünftig erwarteten Erträge vor und liefert so

---

[24] Vgl. HGB, §§ 289 I, 315 I.
[25] Vgl. Pellens/Fülbier/Gassen (2006), S. 106.
[26] Vgl. HGB, § 238 I.
[27] Vgl. Coenenberg (1986), S. 155.
[28] Vgl. Rückle (1986), S. 171 und Coenenberg (2003), S. 581.

den Wert des Effektivvermögens, während die Einzelbewertung einer bilanziellen Bewertung entspricht. Zwar ist die Effektivvermögensbewertung für die Jahresabschlussadressaten von größerem Interesse, aber im Rahmen der o.g. handelsrechtlichen Rechnungslegungsnormen kann eine solche Bewertung nicht stattfinden. Dies liegt an den Jahresabschlussinstrumenten Buchführung und Bilanz. Sie ermöglichen lediglich eine Bilanzvermögensbewertung, können aber immerhin Hinweise auf eine wesentliche Änderung des Effektivvermögens geben.[29] Die Finanzlage bildet schließlich den dritten Teilbereich. Sie bezieht sich auf die Liquidität eines Unternehmens, also den Bestand an Zahlungsmitteln. Beeinflusst wird dieser durch Ein- und Auszahlungen. Demnach beschreibt die Finanzlage die Fähigkeit eines Unternehmens, seine Auszahlungen durch Einzahlungen zumindest zu decken.[30] Angestrebt werden positive Einzahlungsüberschüsse. Beurteilt werden kann die Finanzlage typischerweise mithilfe der Kapitalflussrechnung.

Die bisherigen Ausführungen beschränkten sich auf eine einzelne Berichtsperiode. Diese einperiodische Sichtweise ist aber zu statisch und vernachlässigt, dass Unternehmen in einer dynamischen Umwelt agieren. Deshalb kann die wirtschaftliche Lage eines Unternehmens nur dann zutreffend wiedergegeben werden, wenn auch zukünftige Entwicklungen Berücksichtigung finden, hängt doch die Lage eines Unternehmens stark von seiner künftigen Leistungsfähigkeit ab.[31] Im Rahmen der Erfolgslage sind also auch jene Erfolgspotentiale zu erfassen, die für positive Periodenerfolge in der Zukunft sorgen werden.[32]

Es ist außerdem zu beachten, dass zwischen den einzelnen Teilbereichen der wirtschaftlichen Lage nicht unerhebliche Interdependenzen bestehen. So geht eine steigende Liquidität als Ausdruck der finanziellen Lage häufig mit einer Reihe hoher Periodenerfolge einher. Auch die Vermögenslage ist mit den Periodenerfolgen verknüpft. Im System der doppelten Buchhaltung zeigen sich Periodenerfolge nicht nur in der Erfolgsrechnung, sondern auch in der Bilanz. Werden nämlich positive Periodenerfolge nicht ausgeschüttet, so erhöht sich c.p. das Eigenkapital,[33] das, wie erwähnt, dem Nettovermögen entspricht. Gemäß dem Lücke-

---

[29] Vgl. zu diesen Ausführungen Moxter (1986), S. 346-349.
[30] Vgl. Rückle (1986), S. 174.
[31] Vgl. Leffson (1984), S. 37, Tz. 66.
[32] Vgl. Busse von Colbe/Brotte (1998), S. 135 und Coenenberg (1986), S. 160 f.
[33] Vgl. Wöhe/Bilstein (2002), S. 351 und Küting (2006), S. 1442.

Theorem besteht ein weiterer Zusammenhang zwischen Nettovermögen und Periodenerfolgen: Eine Berücksichtigung von kalkulatorischen Zinsen bei den Erfolgen und anschließende Diskontierung liefert hier den Marktwert des Eigenkapitals.[34] Darüber hinaus sind zur Bestimmung von Rentabilitätskennzahlen wie ROCE (Return On Capital Employed) Informationen über Erfolg und Vermögen nötig.[35]

Auch Vermögen und Finanzen sind miteinander verbunden. Langfristig negative Zahlungsströme werden zu einer Aufzehrung des Vermögens führen. Umgekehrt führt eine Erhöhung des Eigenkapitals nicht nur zu einem höheren Nettovermögen, sondern – sofern die Kapitalerhöhung gegen Bareinlagen durchgeführt wird – auch zu einer verbesserten Liquidität. Diese Interdependenzen lassen eine isolierte Beurteilung lediglich einzelner der genannten Teilbereiche nicht sinnvoll erscheinen. Vielmehr müssen jeweils alle drei Teilbereiche gemeinsam betrachtet werden, um ein aufschlussreiches Bild der wirtschaftlichen Lage eines Unternehmens gewinnen zu können. Hierbei kommt aber insbesondere der Erfolgslage eine zentrale Stellung zu.

Bei den bisherigen Ausführungen zur wirtschaftlichen Lage wurde als Ausgangs- und Bezugspunkt das externe Rechnungswesen gewählt. Doch auch für das interne Rechnungswesen, vor allem das Controlling, ist die wirtschaftliche Lage von Relevanz.

2.2.2 Bedeutung für das Controlling

Unter Controlling wird die „ergebnisorientierte Steuerung eines Unternehmens oder eines Konzerns durch Planung, Kontrolle und Information"[36] verstanden. Insbesondere das eher kurzfristig ausgerichtete operative Controlling ist stark ergebnisorientiert und daher an Informationen über die Erfolgslage interessiert.[37] Neben dem Ergebniscontrolling[38] sind aber auch andere Teilbereiche des Control-

---

[34]   Vgl. Kahle (2003), S. 776.
[35]   Vgl. Coenenberg (2003), S. 586 f.
[36]   Solaro (1998), S. 169.
[37]   Vgl. Dirrigl (1998a), S. 433 und Joos-Sachse (2001), S. 10.
[38]   Vgl. zu einer Abgrenzung des Begriffs „Ergebniscontrolling" Männel (1998), S. 234.

lings zumindest mittelbar auf Informationen über die Lage des Unternehmens angewiesen. Es lassen sich drei interdependente Bereiche unterscheiden:

Der erste Bereich ist die Steuerung. Sie ist eine der Kernaufgaben des Controllings und dient der Koordination dezentraler Entscheidungen,[39] die typischerweise mit Principal-Agent-Problemen einhergehen. Um dieses Ziel zu erreichen, werden daher Anreizsysteme eingesetzt, die bestimmten Kriterien genügen müssen, um optimale Ergebnisse zu liefen. Zu diesen unter Oberbegriffen wie „Anreizverträglichkeit" oder „Anreizkompatibilität" subsumierten Kriterien gehören Zielkongruenz und Objektivität ebenso wie Manipulationsfreiheit, das Verhaltenssteuerungsprinzip, Controllability und eine relative Erfolgsmessung. [40] Interessant hinsichtlich des Bezugs zur wirtschaftlichen Lage sind aber vor allem die im Rahmen von Anreizsystemen eingesetzten Instrumente. Hier sind neben dem Periodenerfolg selbst in erster Linie wertorientierte Performancekennzahlen wie EVA (Economic Value Added), EEI (Earned Economic Income, auch als relatives Beitragsverfahren bekannt[41]) oder CVA (Cash Value Added) zu nennen.

Diese Kennzahlensysteme sind zum einen über eine Erfolgsgröße, zum anderen über eine Kapitaleinsatzgröße[42] mit der wirtschaftlichen Lage eines Unternehmens verknüpft. Die Kapitaleinsatzgröße wird dabei zur Bestimmung der Kapitalkosten benötigt. Ohne zu stark auf Details der einzelnen Kennzahlen eingehen zu wollen,[43] sei erwähnt, dass der Kapitaleinsatz anhand verschiedener Methoden gemessen werden kann. Neben dem noch nicht amortisierten Kapital (EEI) oder der fortgeschriebenen Bruttoinvestitionsbasis (CVA) ist auch der jeweils aktuelle Buchwert des Vermögens (EVA) denkbar. Letzteres bewirkt eine direkte Verbindung zwischen der Vermögenslage und dem Kennzahlensystem EVA.

Der zweite Bereich umfasst die Beeinflussung der Fremdkapitalkosten. Hier ist also in gewisser Weise ebenfalls der Steuerungsaspekt angesprochen. Die Fremdkapitalkosten eines Unternehmens sind auch für den zuvor erläuterten Bereich relevant, da sie zur Bestimmung eines gewichteten Kapitalkostensatzes (Weighted

---

[39] Vgl. Wagenhofer (2006), S. 15.
[40] Vgl. zu diesen Kriterien Kahle (2003), S. 775 und Weißenberger (2005), S. 14 f.
[41] Vgl. Baldenius/Fuhrmann/Reichelstein (1999), S. 59.
[42] Vgl. zu den verschiedenen Kapitaleinsatzgrößen die Übersicht bei Dirrigl (1998b), S. 571.
[43] Vgl. hierzu die Arbeiten von Crasselt/Pellens/Schremper (2000) oder Henselmann (2001).

Average Cost Of Capital, kurz: WACC)[44] benötigt werden. Auch die den Eigen-kapitalgebern zur Verfügung stehenden Zahlungsströme, die im Rahmen des Ertragswertverfahrens bei Unternehmensbewertungen genutzt werden, werden durch die Zinszahlungen für Fremdkapital beeinflusst.

Diese Zinszahlungen hängen zu einem wesentlichen Teil von der Bonität des Schuldners ab. Potentielle Fremdkapitalgeber werden einerseits ihre Entscheidung über eine Kreditvergabe von eben dieser Bonität abhängig machen, andererseits aber auch ihre Renditeforderung. Denn diese wird vom finanziellen Risiko des Schuldners beeinflusst. Eine Möglichkeit für Fremdkapitalgeber, sich Informatio-nen über die Bonität eines Unternehmens zu beschaffen, stellen externe Ratings[45] dar. Sie werden regelmäßig von darauf spezialisierten Agenturen erstellt, beson-ders für börsennotierte Gesellschaften. Das Rating selbst soll den (Fremd-) Kapitalmarkt über die Erfolgs- und Risikofaktoren des Unternehmens und damit über die Ausfallwahrscheinlichkeit des Investments[46] informieren. Dabei werden neben finanziellen und leistungswirtschaftlichen auch „weiche" Faktoren wie Kundenzufriedenheit und Managementqualität berücksichtigt Es zeigt somit in komprimierter Form die Fähigkeit des Unternehmens, seinen Zins- und Tilgungs-verpflichtungen nachzukommen.[47]

Damit knüpfen externe Ratings stets an die Finanzlage von Unternehmen an und werden von dieser beeinflusst. Da die Bonität als Zielgröße des Ratings aber auch von der Vermögensstruktur – besser: von der Struktur der Fristigkeit und Liqui-dierbarkeit des Vermögens – abhängt, spielt auch die Vermögenslage eine gewis-se Rolle. Aufgrund der aufgezeigten Interdependenzen zwischen Finanz-, Vermö-gens- und Erfolgslage kann sich auch letztere auf das Rating auswirken. Dies bedeutet, dass die Fremdkapitalkosten ebenfalls zumindest indirekt von allen Teilbereichen der wirtschaftlichen Lage abhängen.

---

[44] Vgl. zur Konzeption des WACC z.B. Lachnit/Müller (2002), S. 2554 f.
[45] Vgl. zu einer Definition des Begriffs „externes Rating" Everling/Heinke (2001), Sp. 1755-1757.
[46] Investment im Sinne einer Fremdkapitalgewährung, z.B. über festverzinsliche Industrieanlei-hen.
[47] Vgl. Weber/Müller/Sorg (2004), S. 9-11 sowie Gohdes/Meier (2003), S. 1378.

Die Unternehmensbewertung[48] bildet den dritten Bereich. Hier kommt dem Controlling die Aufgabe zu, einerseits Planungen hinsichtlich der zu erwartenden Zahlungsüberschüsse, andererseits die Bestimmung des relevanten Kalkulationszinses durchzuführen. Ausgangsbasis für die Ermittlung der Einzahlungsüberschüsse ist bei deren indirekter Ermittlung[49] der Periodengewinn. Dieser muss nicht unbedingt in Form des handelsrechtlichen Jahresüberschusses vorliegen, auch Pro-Forma-Größen wie EBIT (Earnings Before Interest and Taxes) sind möglich. Je nach gewähltem Bewertungskalkül[50] wird der zur Diskontierung erforderliche Zinssatz von den Fremdkapitalkosten beeinflusst. Insbesondere auf den zu den DCF (Discounted Cash Flow) -Verfahren gehörenden WACC-Ansatz trifft dies zu. Unabhängig vom gewählten Kalkül muss jedoch für die Bestimmung des Eigenkapitalwerts das Fremdkapital berücksichtigt werden. Beim Ertragswertverfahren geschieht dies über die geleisteten Zinszahlungen bei den Einzahlungsüberschüssen, während Adjusted-Present-Value- und WACC-Ansatz jeweils den Buchwert des Fremdkapitals in die Berechnung einbeziehen. Die Höhe der Zahlungen an Fremdkapitalgeber bzw. die von ihnen geforderte Verzinsung beeinflussen also den Wert des Eigenkapitals. Wie gezeigt wurde, hängen aber die Fremdkapitalkosten über Ratings wiederum von der wirtschaftlichen Lage ab.

Die bereits erwähnten wertorientierten Kennzahlen sollen konzeptionell eine Steigerung des Unternehmenswerts in einer Periode messen.[51] Da sie aus diesem Grund eine kalkulatorische Verzinsung der Kapitaleinsatzgröße vorsehen, spielen auch hier die Kosten des Fremdkapitals und damit Ratings eine Rolle. Diese drei Bereiche des Controllings sind also interdependent und werden von den verschiedenen Teilbereichen der wirtschaftlichen Lage beeinflusst.

Damit ist es auch für das Controlling von großer Bedeutung, richtige Kenntnis von der aktuellen wirtschaftlichen Lage des eigenen Unternehmens zu haben. Besonders deutlich wird dies bei nach IAS/IFRS aufgestellten Abschlüssen. Diese

---

[48] Vgl. zur Technik der Unternehmensbewertung z.B. Drukarczyk (2003), Mandl/Rabel (1997) oder Henselmann/Kniest (2002).

[49] Vgl. zur indirekten Ermittlung des Cashflows Pellens/Fülbier/Gassen (2006), S. 181 ff. und Wöhe/Bilstein (2002), S. 25-27.

[50] Es können DCF- und Ertragswertmethode unterschieden werden.

[51] Vgl. Lachnit/Müller (2002), S. 2553.

sollen die Adressaten über die wirtschaftliche Lage des Unternehmens informieren. Weil aber nach dem in mehreren IAS/IFRS-Standards geforderten „Management Approach" die internen Daten des Controllings stärkere Bedeutung für die Rechnungslegung bekommen, spielt das Controlling auch bei der Darstellung der wirtschaftlichen Lage im Abschluss eine größere Rolle. Es muss sich also verstärkt Informationen zur wirtschaftlichen Lage beschaffen. Gerade die Ertragslage nimmt hier eine zentrale Stellung ein. Dies liegt nicht zuletzt darin begründet, dass die Messung des Periodenerfolgs und damit die Beurteilung der Erfolgslage eine der Hauptaufgaben von Betriebswirtschaft und Rechnungslegung darstellen.[52]

---

[52] Vgl. z.B. IAS 1.7, SFAC 1.43, Küting (2006), S. 1441 oder Ballwieser/Hettich (2004), S. 79.

3. Existierende Periodisierungskonzepte und ihre Auswirkungen auf die wirtschaftliche Lage

Innerhalb dieses Kapitels sollen zunächst die verschiedenen versicherungsmathematischen Periodisierungskonzepte vorgestellt werden. Dabei wird auch auf Vorschriften der Rechnungslegung eingegangen. Anschließend erfolgt ein Vergleich der Auswirkungen dieser Konzepte auf die wirtschaftliche Lage eines Unternehmens. Der dafür nötige Vergleichsmaßstab wird aus der Controllingperspektive abgeleitet. Anschließend wird untersucht, ob eine Synthese der einzelnen Verfahren Sinn macht. Das Kapitel schließt mit einer Darstellung weiterführender Aspekte und Problemfelder.

3.1 Darstellung existierender Periodisierungskonzepte

Der Wert einer Pensionsverpflichtung ergibt sich finanzmathematisch als Barwert der zugesagten Leistungen (Renten- und/oder Kapitalzahlungen) zum Eintrittszeitpunkt des Versorgungsfalls unter Berücksichtigung versicherungsmathematischer Annahmen.[53] Insofern spräche nichts dagegen, diesen – bei einer leistungsorientierten bzw. Direktzusage zur Erfüllung benötigten – Wert erst zu eben diesem Zeitpunkt über eine Einmalzahlung im Unternehmen anzusammeln. Genauso denkbar wäre ein ratierliches „Ansparen" des zur Erfüllung nötigen Betrags. Pensionszusagen von Unternehmen stellen aber nach Auffassung des Bundesarbeitsgerichts eine Gegenleistung des Arbeitgebers für die vom Arbeitnehmer erbrachten Leistungen und seine Betriebstreue dar.[54] Daneben erfolgt die Ausgestaltung der Pensionsleistungen meist in der in Kapitel 2.1.2 erwähnten Form einer Entgeltumwandlung, so dass eine Kreditgewährung des Arbeitnehmers vorliegt.[55] Der so gewährte Kredit steigt mit jeder Dienstperiode des Arbeitnehmers, in der dieser einen Gehaltsverzicht übt, an.[56]

---

[53] Hierzu gehören z.B. die Restlebenserwartung, Sterblichkeit, Renten- und Gehaltstrends.
[54] Vgl. Molzahn (2006), S. 39.
[55] Vgl. Planert (2006), S. 64 f. und Petersen (2002), S. 49.
[56] Vg. Feld (2003), S. 577.

Diese Punkte machen klar, dass gemäß dem Prinzip der sachlichen Abgrenzung eine Periodisierung des Verpflichtungswerts unter Berücksichtigung einer Zinskomponente notwendig ist, um eine wirtschaftlich richtige Abbildung der Verpflichtung zu gewährleisten. Ziel der Periodisierung ist eine Verteilung des aus der Verpflichtung resultierenden Aufwands über jene Perioden, in denen die Arbeitsleistung erbracht wird.[57]

Die Periodisierung selbst kann aufgrund der genannten Annahmen mithilfe der Versicherungsmathematik durchgeführt werden. Die dafür zur Verfügung stehenden Konzepte werden unter dem Oberbegriff der Anwartschaftsdeckungsverfahren zusammengefasst.[58] Die folgende Darstellung gibt eine Übersicht über die darunter fallenden Verfahren:

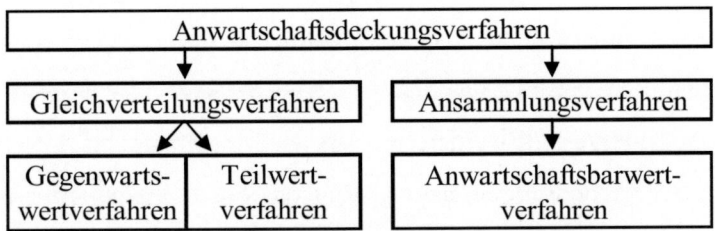

Darst. 2: Versicherungsmathematische Verteilungsverfahren
(Quelle: eigene Darstellung)

Die unterschiedlichen Verfahren sollen nun jeweils genauer erläutert werden.

3.1.1 Anwartschaftsbarwertverfahren

Dieses Verfahren wird auch als Methode der laufenden Einmalprämien bezeichnet.[59] Im Grundsatz wird bei diesem Verfahren eine Verteilung des Barwerts der zugesagten Leistungen (kurz: Leistungsbarwert[60]) über die aktive Dienstzeit des jeweils betroffenen Arbeitnehmers vorgenommen. Es wird unterstellt, dass sich der Arbeitnehmer in jeder Periode seiner Dienstzeit einen bestimmten Anteil des Leistungsbarwerts erdient. Daher findet zur Bewertung der Verpflichtung auch nur eine Verteilung des Leistungsbarwerts über die aktuelle sowie bereits vergan-

---

[57] Vgl. Coenenberg (2005), S. 400.
[58] Vgl. Petersen (2002), S. 34.
[59] Vgl. Pellens/Fülbier/Gassen (2006), S. 430.
[60] Vgl. zu einer versicherungsmathematischen Definition dieses Begriffs Wolfsdorf (1997), S. 135 ff. In der Literatur findet sich auch der Begriff „Anwartschaftsbarwert", so z.B. bei Coenenberg (2005), S. 402.

gene Dienstzeitperioden statt. Sämtliche zum Betrachtungszeitpunkt noch zukünftigen Dienstzeitperioden werden ausgeblendet.[61]

Den Ausgangspunkt für die Bestimmung des Leistungsbarwerts bildet die zugesagte Pensionsleistung. Da diese aber sowohl von noch nicht eingetretenen Gehaltssteigerungen des Begünstigten abhängen als auch selbst eine Dynamisierung enthalten kann, sind Schätzungen auf Basis versicherungsmathematischer Annahmen hier unerlässlich.[62]

Die Ermittlung des einer einzelnen Dienstzeitperiode zuzuordnenden Leistungsbausteins kann beim Anwartschaftsbarwertverfahren auf verschiedene Arten geschehen. Denkbar ist eine einfache Division des Leistungsbarwerts durch die Anzahl der insgesamt zu leistenden Dienstjahre des Arbeitnehmers.[63] So wird eine einfache lineare Verteilung erreicht. Möglich ist aber auch, eine spezielle Planformel zu benutzen. Damit können dann auch progressive oder degressive Verläufe des Erdienens dargestellt werden, um z.B. eine im Zeitablauf unterstellte Steigerung oder Schwächung der Leistungsfähigkeit des Arbeitnehmers abzubilden. Es ist also möglich, den früheren oder späteren Perioden ein höheres Gewicht bei der Verteilung des Leistungsbarwerts beizumessen. Diese Gewichtung wird auch als „frontloading" bzw. „backloading" bezeichnet.[64] Sofern eine derartige Planformel zwischen Arbeitnehmer und Arbeitgeber vereinbart wurde, ist sie auch zu berücksichtigen. Denn in diesem Fall würde die lineare Verteilung lediglich eine Näherungslösung darstellen.

Der planmäßige Wert der Verpflichtung steigt im Laufe der Zeit an, bis er zum Eintrittszeitpunkt des Versorgungsfalls dem Leistungsbarwert entspricht. Differenzen zwischen zwei aufeinander folgenden Betrachtungs- oder Bilanzierungszeitpunkten stellen also eine Zunahme des Verpflichtungsumfangs dar, so dass eine Zuführung zu erfassen ist. Diese besteht aus zwei Komponenten: Zum einen enthält sie einen Zinsanteil, der sich aus der einjährigen Verzinsung des Vorjahresumfangs der Verpflichtung ergibt. Zum anderen enthält sie jenen Leistungs-

---

[61] Vgl. Molzahn (2006), S. 73 und Feld (2003), S. 579.
[62] Vgl. Mühlberger/Schwinger (2006), S. 32 f. und 37 f. sowie Pellens/Fülbier/Gassen (2006), S. 429.
[63] Vgl. Molzahn (2006), S. 63 und Fülbier/Sellhorn (2004), S. 387.
[64] Vgl. Schildbach (1999), S. 960 und Mühlberger/Schwinger (2006), S. 36 f.

baustein, der der aktuellen Periode zugeordnet wird, wobei dieser Baustein aber auf das Ende der aktuellen Periode abzuzinsen ist.[65] Zusammen bilden sie den Pensionsaufwand in der jeweiligen Periode. Beide Komponenten des Aufwands verändern sich von Periode zu Periode, da einerseits der Verpflichtungsbestand steigt, andererseits sich der Diskontierungszeitraum aber verkürzt. Bestimmt wird diese Veränderung durch die zugrunde gelegte Planformel.[66] Daher rührt auch der Begriff der laufenden Einmalprämien.

Zur Diskontierung der zugesagten Pensionsleistungen und der erdienten Leistungsbausteine als auch zur Verzinsung des Vorjahresbestands der Verpflichtung ist ein Zinssatz nötig. Ausgehend von der oben gemachten Erkenntnis, dass Pensionszusagen den Charakter von Fremdkapital haben,[67] wäre also der Zinssatz des zugrunde liegenden Kreditverhältnisses relevant. Der Zinssatz müsste damit jenem Zins entsprechen, der zwischen Arbeitgeber und Arbeitnehmer bei der Zusage der Pensionsleistungen vereinbart wurde. Falls dieser nicht bekannt ist oder nicht explizit verhandelt wurde, muss ein Zins abgeleitet werden. Prinzipiell denkbar wäre die im Unternehmen intern angestrebte Rendite.[68] Möglich wäre aber auch ein Rückgriff auf Kapitalmarktzinssätze, die sich für Fremdkapitaltitel mit vergleichbarer Bonität und Laufzeit ergeben.[69] Letzteres würde zumindest eine Annäherung an einen eventuell nicht näher benannten Kreditzins ermöglichen.

Die bisherigen Ausführungen sollen nun formal[70] dargestellt werden. Es sei angenommen, dass alle Zahlungen am Periodenende anfallen und der Diensteintritt des Arbeitnehmers am Ende der Periode $t=0$ erfolge. Wenn von versicherungsmathematischen Annahmen zu Sterblichkeit, Lebensdauer, Inflation und ähnlichem abstrahiert wird, dann ergibt sich der Leistungsbarwert $LBW_{t=v}$ als Barwert der zugesagten Leistungen P_t zum Eintrittszeitpunkt des Versorgungsfalls $t=v$ als:

---

[65] Vgl. Pellens/Fülbier/Gassen (2006), S. 430.
[66] Vgl. Planert (2006), S. 48.
[67] Vgl. Gohdes/Meier (2003), S. 1377.
[68] Vgl. Heubeck (1986), S. 357 f.
[69] Diese Vorgehensweise sieht IAS 19 vor, vgl. IAS 19.78-19.82. Vgl. aber auch Thoms-Meyer (1996), S. 108 f.
[70] Eine rein schematische Darstellung geben Mülberger/Schwinger (2006), S. 33, Abb. 3-10.

$$(1) \qquad LBW_{t=v} = \sum_{t=v+1}^{v+n} P_t * (1+i)^{-t}$$

Dabei sei i der Zinssatz und n die Dauer der Rentenphase (genauer und daher im folgenden verwendet: Leistungsphase[71]).

Der Barwert $LBW_{t=v}$ muss nun auf die Dienstzeit des Arbeitnehmers verteilt werden. Da der Arbeitnehmer sich über die Dienstzeit 100% seines Anspruchs erdient, kann unter Rückgriff auf die im Einzellfall jeweils geltende Planformel[72] für jede Dienstzeitperiode ein Prozentsatz a_t bestimmt werden, mithilfe dessen dann der Leistungsbaustein EA_t dieser Periode ermittelt wird. Dieser ergibt sich also als:

$$(2) \qquad EA_t = a_t * LBW_{t=v}$$

Die Summe aller a_t beträgt dabei genau 100%. Der Wert der Verpflichtung (auch „defined benefit obligation", kurz: DBO) in einer Berichtsperiode t entspricht dem Barwert der Leistungsbausteine der aktuellen und der vergangenen Perioden und ist damit zu schreiben als:

$$(3) \qquad DBO_t = DBO_{t-1} * (1+i) + \frac{EA_t}{(1+i)^{m-t}}$$

In $t=0$ beträgt die Verpflichtung DBO_t also genau Null. Dabei sei t die aktuelle Berichtsperiode und m die Anzahl der aktiven Dienstzeitperioden mit $v \geq m$. Der Dienstzeitaufwand einer Periode entspricht damit dem abgezinsten Leistungsbaustein EA_t, der der aktuellen Periode zugeordnet wird. Die zu bildende Zuführung ZF_t ergibt sich als:

$$(4) \qquad ZF_t = DBO_t - DBO_{t-1}$$

---

[71] Der Begriff „Leistungsphase" findet sich auch bei Petersen (2002), S. 12.
[72] Das ist jene Formel, nach der sich die zugesagte Leistung bestimmt. IAS 19.65 und 19.68-19.71 enthalten mehrere Beispiele für Planformeln.

Sie enthält die weiter o.g. zwei Aufwandskomponenten. Der Anteil des Zinsaufwands Z_t lässt sich dabei ausdrücken als:

$$(5) \qquad Z_t = i*DBO_{t-1}$$

Verringert um den erwarteten Ertrag eines eventuell bestehenden Planvermögens bildet die Zuführung ZF_t den periodischen Gesamtpensionsaufwand. Auf den Begriff Planvermögen wird weiter unten eingegangen.

Falls es zu einer nachträglichen Zusageerhöhung[73] während der Dienstzeit, also der Anwartschaft des Arbeitnehmers, kommt, ist nach dem Anwartschaftsbarwertverfahren eine Verteilung des dabei auftretenden Aufwands durchzuführen. Prinzipiell kann die Aufwandsverteilung sowohl über zukünftige als auch über vergangene Dienstzeitperioden erfolgen. Dies hängt vom unterstellten Charakter der Zusageerhöhung ab. Soll ein Pensionsplan neu eingeführt oder rückwirkend verbessert werden, scheint eine Verteilung über vergangene Perioden sinnvoll. Sofern sich die Zusage aber nur auf zukünftige Perioden bezieht, ist der Aufwand auch nur über diese zu verteilen.[74]

Im Zusammenhang mit dem externen Rechnungswesen spielt IAS 19 eine wichtige Rolle. Dieser Rechnungslegungsstandard schreibt zur Bewertung von leistungsorientierten Pensionszusagen verpflichtend das Anwartschaftsbarwertverfahren vor. Die dortige Bezeichnung lautet Projected Unit Credit Method (kurz: PUC). Andere Periodisierungskonzepte sind nicht zulässig.[75] Im Gegensatz dazu legt sich das HGB nicht explizit auf eine bestimmte Methodik fest, so dass das Anwartschaftsbarwertverfahren auch nach dem HGB grundsätzlich zulässig zu sein scheint.[76] Auf die in IAS 19 genutzten Begriffe und Bezeichnungen soll hier nicht eingegangen werden. Zu klären sind aber noch einige wichtige grundlegende Regelungen von IAS 19. Hierzu zählen neben den gerade genannten Zusageerhö-

[73] Solche Anpassungen schreibt in Deutschland z.B. § 16 BetrAVG vor. Vgl. dazu kritisch Rhiel (2000), S. 685 f.
[74] Vgl. Petersen (2002), S. 44.
[75] Vgl. Planert (2006), S. 175 und IAS 19.64.
[76] Vgl. Petersen (2002), S. 40 ff. und § 253 I HGB.

hungen vor allem die Behandlung von „plan assets", der Korridoransatz und die sog. „deferred recognition"[77].

Zusageerhöhungen, die sich auf vergangene Dienstzeitperioden beziehen, sind gemäß IAS 19 zu verteilen. Die Verteilung soll linear erfolgen. Relevant ist hier der Zeitraum zwischen Zusageerhöhung und Unverfallbarkeit der zugesagten Leistungen. Sofern die Leistungen sofort unverfallbar werden, ist also eine ebenfalls sofortige Aufwandsbuchung durchzuführen Diese einmalige Aufwandsbuchung würde auch anfallen, wenn die Zusage erst nach dem Diensteintritt erfolgt.[78]

Nach IAS 19 ist es möglich, den Wert der Pensionsverpflichtung mit einem zur Bedienung der aus der Verpflichtung resultierenden Ansprüche angelegten Planvermögen („plan assets") zu verrechnen. Ein eventuell entstehender Restbetrag bildet dann die eigentliche Pensionsrückstellung. Liegt kein Planvermögen vor, entspricht die Rückstellung also der Verpflichtungshöhe. Die von Vermögenswerten für eine Klassifizierung als Planvermögen zu erfüllenden Kriterien nennt IAS 19.7. Diese Vorgehensweise erlaubt ein Ansammeln der zur Erfüllung einer Zusage nötigen Mittel außerhalb des Unternehmens, z.B. in einem externen Pensionsfonds. Ein Teil der Verpflichtung wird also aus der Bilanz ausgelagert. Da es aber aufgrund der Verrechnung von Verpflichtung und externem Planvermögen lediglich zu einem Nettoausweis[79] kommt, hat nach IAS 19.120A eine Erläuterung der Gesamtverpflichtung (brutto) in Form einer Überleitungsrechnung im Anhang des Jahresabschlusses zu erfolgen.[80]

Eine weitere Besonderheit des IAS 19 stellt der Korridoransatz dar. Er findet im Zusammenhang mit der „deferred recognition" Anwendung. Ausgangspunkt ist die Tatsache, dass die ex ante vorgenommenen Schätzungen mit hoher Wahrscheinlich von den ex post zu beobachtenden Sachverhalten abweichen werden. Diese Differenzen werden als versicherungsmathematische Gewinne und Verluste

---

[77] Der Begriff der „deferred recognition" findet sich z.B. bei Molzahn (2006), S. 78.
[78] Vgl. Mühlberger/Schwinger (2006), S. 72 f.
[79] Vgl. Jasper/Delvai (2003), S. 390.
[80] Vgl. Planert (2006), S. 195. Eine Übersicht über sämtliche in IAS 19 geforderten Anhangangaben findet sich bei Mühlberger/Schwinger (2006), S. 94 ff.

bezeichnet.[81] Sie können auf zwei Ursachen basieren: zum einen auf Abweichungen bei den zur Bestimmung des Verpflichtungswerts nötigen Größen, zum anderen auf Abweichungen bei der Wertentwicklung des Planvermögens.[82] Treten solche Gewinne oder Verluste auf, dürfen sie erfolgswirksam erfasst werden. An dieser Stelle greift der Korridoransatz, der es erlaubt, nur denjenigen Teil der noch nicht amortisierten versicherungsmathematischen Gewinne und Verluste zu buchen, der mehr als 10% des Maximums aus Verpflichtungswert (DBO) und Wert des Planvermögens ausmacht.[83]

Liegt ein solcher Fall vor, dann ist zusätzlich die „deferred recognition" anzuwenden. Denn der zu buchende Betrag ist zwar über die verbleibende Restdienstzeit der Arbeitnehmer zu verteilen, aber erst ab der Folgeperiode.[84] Der Grund, weshalb überhaupt auf Schätzungen zurückgegriffen wird, liegt in der generellen Herangehensweise von IAS 19. Anstatt auf die tatsächlichen Größen am Ende der Berichtsperiode zurückzugreifen, um die Aufwandspositionen zu bestimmen, erfolgt eine Planung ex ante am Periodenanfang. Da somit der Bilanzansatz durch den Aufwand bestimmt wird, wird dieses Vorgehen auch als „Income Approach" bezeichnet.[85]

In diesem Zusammenhang ist noch zu erwähnen, dass es sich nach IAS 19 beim Korridoransatz und der damit verbundenen „deferred recognition" lediglich um ein Wahlrecht handelt. Unternehmen haben daher bei der erstmaligen Anwendung von IAS 19 die Möglichkeit, sich für jede andere schnellere Erfassung der versicherungsmathematischen Gewinne und Verluste in der Gewinn- und Verlustrechung zu entscheiden. Auch eine sofortige erfolgswirksame Erfassung ist möglich.[86] Daneben existiert seit 2004 eine dritte Option, die eine erfolgsneutrale Erfassung ermöglicht. Die versicherungsmathematischen Gewinne und Verluste werden hier direkt im Eigenkapital erfasst. Dadurch wird einerseits eine Verzerrung des oben beschriebenen Nettoausweises durch die versicherungsmathematischen Gewinne und Verluste sowie weitere Größen vermieden als auch die Vola-

---

[81] Vgl. Pellens/Fülbier/Gassen (2006), S. 433 und Küting/Keßler (2006), S. 197 f.
[82] Vgl. Petersen (2002), S. 94.
[83] Vgl. IAS 19.92 und Küting/Keßler (2006), S. 200, Abb. 4.
[84] Vgl. Küting/Keßler (2006), S. 198 und Molzahn (2006), S. 78.
[85] Vgl. Mühlberger/Schwinger (2006), S. 24 f. und S. 38 f. sowie Postert/Wolz (1999), S. 2177.
[86] Vgl. Molzahn (2006), S. 77 f.

tilität des Ergebnisses geglättet.[87] Eine einmal gewählte Methodik ist dabei aber stets beizubehalten.[88]

Die zweite Gruppe der Anwartschaftsdeckungsverfahren, die Gleichverteilungs-verfahren, besteht aus zwei sich ähnelnden Konzepten, dem Gegenwartswert- und dem Teilwertverfahren.[89] Zuerst wird das Gegenwartswertverfahren behandelt.

3.1.2 Gegenwartswertverfahren

Auch nach dem Gegenwartswertverfahren stellt die Bestimmung eines Barwerts der zugesagten Leistungen (Leistungsbarwert) den Ausgangspunkt dar. Dieser Barwert ist zur Bestimmung des Werts der Verpflichtung nun wiederum auf die aktive Dienstzeit des Arbeitnehmers zu verteilen. Während das Anwartschafts-barwertverfahren dabei eine Verteilung über die gesamte bereits geleistete Dienst-zeit vorsieht, berücksichtigt das Gegenwartswertverfahren lediglich die seit der eigentlichen Zusage geleistete Dienstzeit, dann aber bis zum Eintritt des Versor-gungsfalls.[90] Die Ermittlung der den einzelnen Perioden zuzuordnenden Leis-tungsbausteine als Ausdruck des erdienten Teilanspruchs erfolgt prinzipiell analog zum Ansammlungsverfahren. Allerdings sieht die Technik der Gleichverteilungs-verfahren hier stets eine lineare Verteilung vor, so dass der Leistungsbarwert gleichmäßig auf die zu berücksichtigenden Perioden verteilt wird. Es wird also eine konstante Leistungsfähigkeit des Arbeitnehmers unterstellt.

Ein entscheidender Punkt ist, dass das Gegenwartswert- anders als das Anwart-schaftsbarwertverfahren zur Bestimmung der Leistungsbausteine nicht nur die aktuelle und die vorherigen Perioden mit einbezieht, sondern auch zukünftige Dienstzeitperioden. Dies schlägt sich in der Bewertung des Verpflichtungsum-fangs der einzelnen Perioden nieder. Um jeder Dienstzeitperiode zwischen Zusage und Eintrittszeitpunkt des Versorgungsfalls einen gleich hohen Betrag zuzuweisen, aber gleichzeitig Zinseffekte nicht zu vernachlässigen, muss das finanzmathemati-sche Konzept des Rückwärtsverteilungsfaktors[91] angewendet werden. Durch diese

---

[87] Vgl. Rhiel (2005), S. 294 und Pellens/Fülbier/Gassen (2006), S. 438 f.
[88] Vgl. Rhiel (2005), S. 293.
[89] Vgl. Petersen (2002), S. 36.
[90] Vgl. Molzahn (2006), S. 66 und Planert (2006), S. 50.
[91] Vgl. zum Rückwärtsverteilungsfaktor Busse von Colbe/Laßmann (1990), S. 35.

Vorgehensweise wird dem Äquivalenzprinzip der Versicherungsmathematik Rechnung getragen.[92] Der gleich bleibende Betrag, der jeder Periode ab dem Zusagezeitpunkt so zugeordnet wird, kann daher auch als eine Art von fiktiver Versicherungsprämie betrachtet werden.

Im Zusammenhang mit der Bestimmung des Leistungsbarwerts müssen auch nach dem Gegenwartswertverfahren versicherungsmathematische Annahmen getroffen werden. Dies wurde bereits beim Anwartschaftsbarwertverfahren erläutert.

Die Zuführung ergibt sich nach dem Gegenwartswertverfahren ebenfalls als Differenz zwischen zwei Verpflichtungswerten. Sie umfasst neben der fiktiven Prämie einen Zinsanteil, der sich als einjährige Verzinsung des Vorjahresbestands bestimmt. Der in einer Periode zu buchende Gesamtaufwand entspricht dieser Zuführung.[93] Für die Berechnung der einzelnen Barwerte und der Zinsen wird naturgemäß ein Zinssatz benötigt. Wie in Kapitel 3.1.1 erläutert, könnte sich dieser an jenem Zinssatz orientieren, der dem Kreditverhältnis zugrunde gelegt wurde. Auch die beiden dort genannten Alternativen (Orientierung am Fremdkapitalmarktzins bzw. intern erwartete Rendite) wären denkbar. Hinsichtlich des Anwartschaftsbarwertverfahrens kann bei der Ableitung eines Rechnungszinses auf IAS 19 verwiesen werden. Da jedoch ein konkret auf das Gegenwartswertverfahren verweisender Rechnungslegungsstandard weder nach HGB noch nach IAS/IFRS existiert, muss hier eine andere Lösung gefunden werden.

Alle drei genannten Ansätze zur Ableitung eines Zinssatzes sind mit Problemen behaftet.[94] Aus der Tatsache, dass ein Kreditverhältnis zwischen Arbeitnehmer und Arbeitgeber vorliegt, folgt aber, dass eben auch der dem Kredit zugrunde gelegte Zins zu nutzen ist. Allerdings ist dieser häufig unbekannt oder nicht explizit vereinbart worden. Wie in Kapitel 3.1.1 schon erwähnt wurde, bietet sich aber als Approximation ein auf dem Fremdkapitalmarkt ermittelter Zinssatz an.[95] Dieser Zins kann im Rahmen des Gegenwartswertverfahrens genutzt werden. Es

---

[92] Vgl. Feld (2003), S. 578, Wolfsdorf (1997), S. 25 und Isenbart/Münzner (1987), S. 26.
[93] Vgl. hierzu die Beispiele bei Molzahn (2006), S. 64 und Petersen (2002), S. 37.
[94] Vgl. Planert (2006), S. 66-70.
[95] Vgl. Petersen (2002), S. 51 f.

folgt nun eine formale Darstellung des Gegenwartswertverfahrens,[96] dem sich ein Bezug zur handelsrechtlichen Bilanzierung nach HGB anschließt.

Der Barwert der zugesagten Leistungen während der Leistungsphase ermittelt sich genau wie beim Anwartschaftsbarwertverfahren anhand von Gleichung *(1)* mit:

$$(1) \qquad LBW_{t=v} = \sum_{t=v+1}^{v+n} P_t * (1+i)^{-t}$$

Um jenen Betrag zu bestimmen, der allen Dienstzeitperioden des Arbeitnehmers nach dem Zusagezeitpunkt als Leistungsbaustein zuzuordnen ist, wird eine Annuität A auf Basis des Barwerts $LBW_{t=v}$ ermittelt. Sie ergibt sich als:

$$(6) \qquad A = LBW_{t=v} * \frac{i}{(1+i)^{v-z} - 1}$$

Die Annuität wird den Perioden *t=z+1* bis *t=v* zugeordnet. Sie bildet den laufenden Dienstzeitaufwand. Es sei *v* erneut der Eintrittszeitpunkt des Versorgungsfalls, während am Ende der Periode *z* die Zusage erfolge. Da die Annuität A sich rückwärts aus dem $LBW_{t=v}$ ermittelt, enthält sie keinen Zinsanteil für den Verpflichtungsbestand. Dieser bestimmt sich nämlich für die jeweilige Berichtsperiode als einjährige Verzinsung des Vorjahresbestands der Verpflichtung, so dass hier auf Gleichung *(5)* zurückgegriffen werden kann:

$$(5) \qquad Z_t = i * DBO_{t-1}$$

Die Verpflichtung $DBO_{t=b}$ ergibt sich jeweils als Vorjahreswert DBO_{t-1} fortgeschrieben um die Summe aus Verzinsung Z_t und Annuität A.[97] Sie entspricht in der ersten Periode nach dem Zusagezeitpunkt *z* daher gerade der Höhe der Annuität.[98] Formal ergibt sich also:

$$(7) \qquad DBO_t = DBO_{t-1} + A + Z_t$$

---

[96] Es sei auch hier unterstellt, dass alle Zahlungen am Periodenende stattfinden und der Diensteintritt in *t=0* erfolgt.
[97] Vgl. Thoms-Meyer (1996), S. 145.
[98] Vgl. auch hier die Beispiele bei Molzahn (2006), S. 64 und Petersen (2002), S. 37.

Die Zuführung ZF_t spiegelt die Veränderung der Verpflichtung DBO_t wider, so dass sie der Summe aus A und Z_t entspricht. Darüber hinaus ist diese Summe gleich dem Gesamtaufwand der jeweils betrachteten Berichtsperiode. Für ZF_t lässt sich schreiben:

$$(8) \qquad ZF_t = A + Z_t$$

Gemäß IAS 19 ist das Gegenwartswertverfahren zur Bewertung von leistungsorientierten Pensionszusagen nicht erlaubt. Es ist aber aufgrund einer fehlenden Konkretisierung bezüglich des anzuwendenden Verfahrens im HGB zumindest in Einzelabschlüssen vom Grundsatz her denkbar.[99] Problematisch aus handelsrechtlicher Sicht könnte sein, dass beim Gegenwartswertverfahren lediglich die Zeit zwischen Zusage und Eintritt des Versorgungsfalls Berücksichtigung findet. Denn dies stellt einen Widerspruch zur in § 2 BetrAVG geäußerten Auffassung des Gesetzgebers dar, dass eine Pensionszusage sich stets auf die gesamte Dienstzeit des betroffenen Arbeitnehmers beziehe und eine Vergütung der Betriebstreue darstelle.[100] Fallen Zusage und Diensteintritt zusammen, entfällt dieser Punkt.

Eine Einschränkung hinsichtlich der handelsrechtlichen Zulässigkeit des Gegenwartswertverfahrens bildet die Einordnung eines sich nach der steuerlichen Variante des Teilwertverfahrens ergebenden niedrigeren Verpflichtungswerts als handelsrechtliche Wertuntergrenze.[101] Demnach dürfte das Gegenwartswertverfahren nur dann angewendet werden, wenn es einen zumindest gleich hohen Wert ermittelt wie das Teilwertverfahren. Dies ist aber nur gegeben, wenn Zusagezeitpunkt und Diensteintritt zusammenfallen. Auch dürften keine späteren Zusageerhöhungen auftreten.[102] Kommt es aber zu nachträglichen Zusageerhöhungen während der Anwartschaft des Arbeitnehmers, sind diese wie Neuzusagen zu behandeln.[103] Lediglich der zugrunde gelegte Berechnungszeitraum ist entsprechend kürzer. Durch die Zusageerhöhung steigt damit der Verpflichtungsumfang in den der Erhöhung folgenden Perioden.

---

[99] Vgl. Planert (2006), S. 52.
[100] Vgl. Molzahn (2006), S. 68 und Feld (2003), S. 579.
[101] Vgl. Wellisch/Schwinger (2004), S. 250 und Coenenberg (2005), S. 404.
[102] Vgl. Thoms-Meyer (1996), S. 148.
[103] Vgl. Planert (2006), S. 53.

Im Gegensatz zur in IAS 19 vorgeschriebenen PUC, die unter bestimmten Voraussetzungen eine Verrechnung von Verpflichtung und Planvermögen zulässt, ist dies nach dem Gegenwartswertverfahren nicht möglich. Aus diesem Grund entspricht die Höhe der auszuweisenden Rückstellung stets dem ermittelten Verpflichtungsumfang.[104]

Festzuhalten bleibt, dass das Gegenwartswertverfahren zwar prinzipiell handelsrechtlich zulässig ist, diese Zulässigkeit aber von bestimmten Kriterien abhängt. Hier ist vor allem die genannte Wertuntergrenze des Teilwertverfahrens zu nennen, das als nächstes dargestellt werden soll.

3.1.3 Teilwertverfahren

Neben dem im vorhergehenden Kapitel dargestellten Gegenwartswertverfahren gehört das Teilwertverfahren zur Gruppe der Gleichverteilungsverfahren. Es weist die Besonderheit auf, dass es in zwei Versionen existiert. Während die eine betriebswirtschaftlich geprägt ist, stellt die andere die steuerrechtlich zulässige Methodik dar. Zuerst soll auf die allgemeine Vorgehensweise eingegangen werden. Sie entspricht der betriebswirtschaftlichen Variante. Anschließend werden kurz die Besonderheiten der steuerrechtlichen Variante erläutert.

Auch beim Teilwertverfahren bildet der Leistungsbarwert den Ausgangspunkt. Ebenso wie bei den zuvor erläuterten Verfahren sind zu seiner Bestimmung versicherungsmathematische Annahmen notwendig. Auf diese soll hier nicht weiter eingegangen werden. Der Leistungsbarwert ist auf die Perioden der Dienstzeit des Arbeitnehmers zu verteilen. Während das Gleichverteilungsverfahren hierbei auf die Zeit zwischen Zusage der Leistung und Eintritt des Versorgungsfalls abstellt, wird beim Teilwertverfahren eine Verteilung auf die gesamte Dienstzeit vorgenommen,[105] so dass vergangene und zukünftige Dienstzeitperioden berücksichtigt werden. Unterstellt wird also ein gleichmäßiges Erdienen des Leistungsanspruchs über die gesamte Dauer der Betriebszugehörigkeit. Folgende Darstellung veranschaulicht die unterschiedlichen Zeiträume der Aufwandsverteilung für die einzelnen Periodisierungsverfahren:

---

[104] Vgl. Zimmermann/Schilling (2004), S. 486.
[105] Vgl. Coenenberg (2005), S. 402.

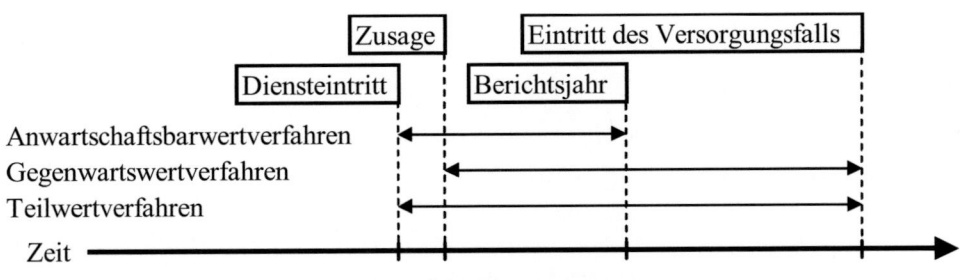

Darst. 3: Verteilungszeiträume
(Quelle: eigene Darstellung)

Es ist nach dem Teilwertverfahren für die Verteilung des Leistungsbarwerts und die daraus resultierende Aufwandsperiodisierung allerdings trotzdem nicht unerheblich, wann die Zusage gemacht wurde. Wird die Zusage erst verzögert, also einige Zeit nach dem Diensteintritt, gegeben, so muss in der Periode der Zusage eine einmalige Zuführung zur Rückstellung erfasst werden.[106] Andernfalls ergibt sich ein falscher Verpflichtungswert in der jeweiligen Berichtsperiode – nämlich jener Wert, der sich auch nach dem Gegenwartswertverfahren ergeben hätte. Dort wird aber ein anderer Zeitraum für das Erdienen der zugesagten Leistungen unterstellt. Die Bildung der Einmalrückstellung liegt also in der Annahme begründet, dass der begünstigte Arbeitnehmer sich vom ersten Arbeitstag an Pensionsansprüche erdient und eine Pensionszusage auch bereits vor dem Zusagezeitpunkt geleistete Dienste honorieren muss.[107]

Obwohl ein unterschiedlicher Zeitraum für die Erdienung der Ansprüche bei Gleichverteilungs- und Teilwertverfahren angenommen wird, erfolgt die Berechnung prinzipiell nach dem gleichen Schema. Das heißt, unter Verwendung des schon erwähnten Rückwärtsverteilungsfaktors[108] werden ausgehend vom Leistungsbarwert konstante Beträge ermittelt, so dass das versicherungsmathematische Äquivalenzprinzip erfüllt ist. Diese Beträge entsprechen fiktiven Versicherungsprämien[109] und stellen die konstanten Leistungsbausteine dar, die den einzelnen Perioden zuzuordnen sind. Sie bilden den laufenden Dienstzeitaufwand.

---

[106]   Vgl. Molzahn (2006), S. 66 und Kruschwitz/Lodowicks (2004), S. 272.
[107]   Vgl. Thoms-Meyer (1996), S. 152.
[108]   Vgl. Pellens/Fülbier/Gassen (2006), S. 445. Zum Begriff selbst vgl. Busse von Colbe/ Laßmann (1990), S. 35.
[109]   Vgl. Feld (2003), S. 578 f.

Die in einer Berichtsperiode zu erfassende Zuführung ergibt sich somit analog zum Gegenwartswertverfahren als Differenz zwischen den Werten der Verpflichtung im Berichts- bzw. Vorjahr. Sie enthält sowohl den Leistungsbaustein der aktuellen Berichtsperiode als auch einen Zinsanteil. Dieser berechnet sich wieder aus dem Verpflichtungswert des Vorjahres.

Wird zunächst von den Vorschriften des deutschen Steuerrechts abgesehen, so besteht auch hier das Problem, die Höhe des Zinssatzes abzuleiten. Dies kann anhand der im vorangegangenen Kapitel dargestellten Ansätze geschehen. Aufgrund der dortigen Ausführungen und der ausgeprägten Ähnlichkeit von Gegenwartswert- und Teilwertverfahren scheint es zweckmäßig, auch hier den Zins aus dem Fremdkapitalmarkt abzuleiten. Bevor auf steuerrechtliche Regelungen eingegangen wird, folgt eine formale Darstellung[110] des Teilwertverfahrens.

Anhand der bekannten Gleichung *(1)* ergibt sich der Leistungsbarwert $LBW_{t=v}$ mit:

$$(1) \qquad LBW_{t=v} = \sum_{t=v+1}^{v+n} P_t * (1+i)^{-t}$$

Dieser ist nun auf die Gesamtdienstzeit des Arbeitnehmers zu verteilen. Hierbei ist zu differenzieren: Zum einen ist es denkbar, dass die Pensionszusage zum Zeitpunkt des Diensteintritts gegeben wurde. Dann wird jeder Dienstzeitperiode ein Leistungsbaustein zugeordnet. Die Annuität *A*, die dem Leistungsbaustein einer Periode *t* entspricht und den laufenden Dienstzeitaufwand darstellt, bestimmt sich also mit:

$$(6a) \qquad A = LBW_{t=v} * \frac{i}{(1+i)^v - 1}$$

Dabei bezeichne *i* den Zinssatz und *v* sei der planmäßige Eintrittszeitpunkt des Versorgungsfalls. Zugeordnet wird *A* den Perioden *t=1* bis *t=v*, da *t=0* der Zeitpunkt des Diensteintritts sei. Der Verpflichtungsumfang in einer Berichtsperiode *t* ergibt sich als Vorjahreswert fortgeschrieben um die Zuführung ZF_t. Letztere

---

[110]   Der Diensteintritt erfolge in *t=0* und alle Zahlungen sollen am Periodenende stattfinden.

enthält den Leistungsbaustein A und die Zinskomponente Z_t, die die Verzinsung der Vorjahresverpflichtung darstellt. Somit ergeben sich für den Verpflichtungsumfang in der Berichtsperiode DBO_t bzw. für die Verzinsung Z_t wieder:

$$(7) \qquad DBO_t = DBO_{t-1} + A + Z_t$$

$$(5) \qquad Z_t = i*DBO_{t-1}$$

Für die Zuführung ZF_t, die dem Gesamtaufwand entspricht, ergibt sich:

$$(8) \qquad ZF_t = A + Z_t$$

Eine etwas andere Situation herrscht, wenn die Zusage später als der Diensteintritt erfolgt. In diesem Fall wird nicht nur der Zeitraum ab der Zusage bei der Bestimmung der Annuitäten A berücksichtigt, weil sich sonst das gleiche Bild wie bei Anwendung des Gegenwartswertverfahrens ergäbe. Da dort aber eine andere Annahme für die Erdienung der Pension gilt, muss eine Einmalrückstellung zum Zusagezeitpunkt gebildet werden. Dies geschieht mittels einer einmaligen Zuführung. Sie ermittelt sich so, dass der Wert der Verpflichtung zum Zusagezeitpunkt jenem Wert entspricht, der sich bei „normaler" Anwendung des Teilwertverfahrens ergeben hätte.[111]

Die Einmalrückstellung, die hier als Sonderzuführung $SZF_{t=z}$ zum Zusagezeitpunkt z bezeichnet werden soll, kann als Differenz zwischen den Verpflichtungswerten bestimmt werden, die sich nach dem Gegenwartswert- bzw. dem Teilwertverfahren (hier: Zusage bei Diensteintritt) ergeben würden. Da der Verpflichtungsumfang nach dem Gegenwartswertverfahren zum Zusagezeitpunkt z aber stets Null ist, lässt sie sich auch ausdrücken als:

$$(9) \qquad SZF_{t=z} = DBO_{t=z}^{TW}$$

---

[111] Vgl. Thoms-Meyer (1996), S. 148-150.

Aus *(9)* folgt, dass die $SZF_{t=z}$ auch als Summe der Annuitäten bis zum Zusagezeitpunkt inklusive der aufgelaufenen Zinsen, also mittels des Rentenendwertfaktors,[112] formuliert werden kann:[113]

$$(10) \qquad SZF_{t=z} = \frac{(1+i)^z - 1}{i} * A$$

Die Sonderzuführung $SZF_{t=z}$ stellt einen einmaligen und deshalb aperiodischen
Aufwandsposten dar. Sie korrigiert die zunächst aufgrund der verzögerten Zusage
zu niedrig ausgewiesene Verpflichtung gerade so, dass anschließend wieder die
„normale" Vorgehensweise des Teilwertverfahrens eingehalten wird. Durch die
$SZF_{t=z}$ kommt es also zu einem höheren Gesamtaufwand in *t=z+1*.[114] Allerdings
stellt sie streng genommen eine Durchbrechung der angestrebten Gleichverteilung
des Aufwands dar.[115] Neben dem geschilderten Auseinanderfallen von Zusage-
und Diensteintrittszeitpunkt kommt die Einmalrückstellung aber auch noch bei
nachträglichen Zusageerhöhungen zur Anwendung. Die Vorgehensweise bleibt
dabei dieselbe.[116]

Wie beim Gegenwartswertverfahren ist auch nach dem Teilwertverfahren keine
Verrechnung von Verpflichtung und Planvermögen möglich. Daher entspricht die
Höhe der zu bilanzierenden Rückstellung stets dem Wert der Verpflichtung
DBO_t.[117]

Handelsrechtlich ist das Teilwertverfahren wie das Gegenwartswertverfahren
weder explizit erlaubt noch verboten. Da der Gesetzgeber aber bei Pensionszusagen von einem Entgeltcharakter ausgeht[118] – Pensionszusagen werden als globale
Vergütung der gesamten Dienstzeit eines Arbeitnehmers betrachtet – scheint dem
Teilwertverfahren handelsrechtlich vor dem Gegenwartswertverfahren der Vorzug
zu geben zu sein. Auch das Anwartschaftsbarwertverfahren scheidet unter diesem

---

[112] Vgl. zum Begriff des Rentenendwertfaktors Busse von Colbe/Laßmann (1990), S. 35.
[113] Vgl. Wöhe/Bilstein (2002), S. 378.
[114] Vgl. auch das Beispiel in Kapitel 4.
[115] Vgl. Planert (2006), S. 54.
[116] Vgl. Planert (2006), S. 53.
[117] Vgl. Zimmermann/Schilling (2004), S. 486.
[118] Vgl. Thoms-Meyer (1996), S. 152 und § 2 I BetrAVG.

Aspekt aus.[119] Eine Besonderheit des Teilwertverfahrens besteht auch darin, dass es, anders als die beiden anderen vorgestellten Verfahren, steuerrechtlich nicht nur zugelassen, sondern explizit vorgeschrieben ist.[120]

Allerdings schreibt das deutsche Steuerrecht einige Besonderheiten vor. So dürfen keine Pensionsrückstellungen für aktive Mitarbeiter gebildet werden, die das 28. Lebensjahr (bei Altzusagen bis Ende 2000 das 30. Lebensjahr) noch nicht vollendet haben. Diese Regelung soll der erhöhten Fluktuation bei jüngeren Mitarbeitern Rechnung tragen. Darüber hinaus ist es erlaubt, die o.g. Einmalrückstellung über drei Jahre zu verteilen.[121] Ein entscheidender Punkt ist der Rechnungszins. Er wird in § 6a EStG pauschal auf einen Satz von sechs Prozent p.a. festgelegt. Damit ist der steuerrechtlich anzuwendende Zins nicht nur unabhängig von Schwankungen der durchschnittlichen Kapitalmarktzinssätze. Auch Unterschiede in der Rentabilität und steuerlichen Leistungsfähigkeit der einzelnen Unternehmen werden nicht berücksichtigt.[122]

Diese drei Besonderheiten der steuerrechtlichen Variante des Teilwertverfahrens führen in der Regel zu einer Minderung des Rückstellungsbetrags. Wohl auch deshalb wird dem steuerlichen Teilwertverfahren die Funktion einer Wertuntergrenze für die handelsrechtlich auszuweisende Rückstellung zugesprochen.[123]

Zusammenfassend lässt sich sagen, dass alle drei Anwartschaftsdeckungsverfahren zum planmäßigen Eintrittszeitpunkt des Versorgungsfalls bei entsprechenden Prämissen[124] den gleichen Rückstellungswert zeigen, der annahmegemäß genau dem Leistungsbarwert entspricht. In den Perioden davor unterscheiden sie sich aber sowohl hinsichtlich des in jeder Periode zu erfassenden Aufwands[125] als auch bei der Höhe der Rückstellung am jeweiligen Periodenende bzw. Bilanzierungsdatum. Wie sich diese Unterschiede auf die Darstellung der wirtschaftlichen Lage

[119] Eine Beurteilung der HGB-Konformität der einzelnen Verfahren soll hier nicht erfolgen.
[120] Vgl. Petersen (2002), S. 36 und § 6a III EStG.
[121] Vgl. Feld (2003), S. 578 und Küting/Keßler (2006), S. 198.
[122] Vgl. Heubeck (1986), S. 357.
[123] Vgl. Feld (2003), S. 578 f. und Thoms-Meyer (1996), S. 153.
[124] Von zentraler Bedeutung ist hier ein identischer Rechnungszins. Auch die übrigen versicherungsmathematischen Annahmen wie Inflation oder Lebenserwartung sind konsistent zu wählen.
[125] Das Anwartschaftsbarwertverfahren verteilt diesen tendenziell stärker auf spätere Perioden. Vgl. hierzu Postert/Wolz (1999), S. 2176 und Planert (2006), S. 56.

auswirken und welche Schlüsse daraus gezogen werden können, ist Gegenstand des sich anschließenden Kapitels 3.2.

3.2 Vergleich der Auswirkungen auf die wirtschaftliche Lage

In diesem Kapitel sollen die in Kapitel 3.1 dargestellten versicherungsmathematischen Periodisierungskonzepte hinsichtlich ihrer Auswirkungen auf die Entwicklung und Darstellung der wirtschaftlichen Lage untersucht werden. Grundlage dieses Vergleichs bildet ein noch nicht näher definierter Maßstab. Dieser soll zunächst auf Basis der Sichtweise des Controllings hergeleitet werden.

3.2.1 Aus Controllingsicht relevanter Vergleichsmaßstab

Grundlage jedes Vergleichs ist ein Maßstab, an dem die miteinander zu vergleichenden Untersuchungsgegenstände gemessen werden können. Mit Hinblick auf die hohe Bedeutung des Controllings nach den IAS/IFRS[126] wird klar, dass dieser Vergleichsmaßstab selbst durch das Controlling bestimmt werden muss. Es ist also zu fragen, welche Kriterien beim Vergleich der Verfahren aus Controllingsicht ein besonderes Gewicht haben. Um diese Frage zu klären, ist von den Zielen und Aufgaben des Controllings auszugehen.

Eine der Hauptaufgaben des Controllings ist die ergebnisorientierte Steuerung.[127] Das damit verbundene Ziel besteht in der Beeinflussung von Entscheidungen des Managements: Nur jene Entscheidungen sollen getroffen und umgesetzt werden, die sich positiv auf den Gesamterfolg des Unternehmens auswirken. Die Interessen einzelner Unternehmensbereiche sollen sich diesem Oberziel unterordnen.[128] Verfolgt wird dabei nicht nur eine Maximierung des Erfolgs in einer einzelnen Periode. Vielmehr sollen vom Management langfristig Übergewinne bzw. eine Steigerung des Unternehmenswerts angestrebt werden.[129] Eine entsprechend gestaltete Steuerung impliziert damit aber nicht nur ex ante eine Verhaltensbeeinflussung, sondern auch ex post eine genaue Kenntnis der Unternehmensperfor-

[126] Vgl. Kapitel 1.
[127] Vgl. Solaro (1998), S. 169 und Weißenberger/Arbeitskreis „Controller und IFRS" (2006), S. 344.
[128] Vgl. Berens/Bertelsmann (2002), Sp. 284.
[129] Vgl. Lachnit/Müller (2002), S. 2553 und Baum/Coenenberg/Günther (2004), S. 256 f.

mance. Denn nur sie ermöglicht eine Beurteilung der erbrachten Leistung sowohl der Entscheidungsträger als auch des Unternehmens und seiner Teilbereiche seitens des Controllings. Demzufolge hat das Controlling ein großes Interesse, eine möglichst genaue und steuerungskompatible Messung der Performance durchzuführen.

Um dies zu erreichen, wird das Controlling eine Glättung oder Korrektur derjenigen Ergebniskomponenten vornehmen, die nicht der Verantwortlichkeit der Entscheidungsträger zuzuordnen sind. Dies entspricht dem Prinzip der relativen Erfolgsmessung.[130] Einmalige oder unternehmensexterne Effekte, z.B. unerwartete Preisschocks bei Rohstoffen, werden neutralisiert. Damit wird eine Kontrolle der tatsächlichen Leistung der einzelnen Unternehmensbereiche möglich.

Ein Problem könnte nun darin bestehen, dass die einzelnen in Kapitel 3.1 vorgestellten Periodisierungsverfahren eine unterschiedliche Wirkung auf die zur Performancemessung genutzten Erfolgsgrößen haben. Gegenüber der Situation, dass das betrachtete Unternehmen keinerlei betriebliche Altersversorgung durchführen würde, käme es also eventuell zu einer Verzerrung. Denkbar wäre etwa, dass sich die zeitliche Struktur der Erfolge ändert. Damit wäre dann keine genaue Aussage über die Entwicklung der eigentlichen Performance mehr möglich. Der aus Sicht des Controllings relevante Maßstab für einen Vergleich der verschiedenen Verfahren könnte also als „Neutralität gegenüber der Erfolgs- und Performancemessung" (kurz: Performanceneutralität) beschrieben werden. Anders ausgedrückt, ist aus der Controllingperspektive genau jenes versicherungsmathematische Verfahren am besten geeignet, das die Aussagekraft der Periodenerfolge am wenigsten verzerrt. Dabei ist weniger die Höhe des Erfolgs in einer einzelnen Periode von Interesse, da jede Einführung eines Altersversorgungssystems zusätzlichen Aufwand[131] bedeutet. Viel entscheidender ist die zeitliche Struktur. Wenn das Unternehmen eine im Zeitablauf steigende operative Performance aufweist, dann sollte diese auch nach Einführung einer betrieblichen Altersversorgung hinsichtlich ihrer Struktur erkennbar bleiben. Andernfalls würden auf der Perfor-

---

[130] Vgl. Weißenberger (2004), S. 74.
[131] Zu nennen ist hier z.B. der Zinsaufwand.

mance aufsetzende Vergütungssysteme[132] dem Management falsche Anreize setzen, weil die eigentliche Unternehmensleistung nicht mehr klar erkennbar ist.

Für die Messung der Performance einer Periode stehen neben dem handelsrechtlichen Jahresüberschuss und dem Betriebsergebnis aus der Kosten- und Leistungsrechnung und darauf aufbauenden Renditekennzahlen die in Kapitel 2.2 erwähnten wertorientierten Kennzahlen zur Verfügung. Sofern ein Unternehmen diese wertorientierten Konzepte einsetzt, muss auch hier auf mögliche Verzerrungen geachtet werden. Denkbar wäre, dass die bei einer betrieblichen Altersversorgung in Form der Direktzusage entstehende Rückstellung die Kapitalzusammensetzung und damit die Gesamtkapitalkosten beeinflusst. Aus Controllingsicht wäre also auch hier jenes versicherungsmathematische Periodisierungsverfahren vorzuziehen, dass eine möglichst geringe Verzerrung der gemessenen Performance bewirkt.

Neben den genannten Punkten ist auch noch zu erwähnen, dass durch betriebliche Altersversorgung verzerrte Periodenerfolge die Prognosefähigkeit der Ergebnisse schmälern. Insbesondere Investoren und andere externe Adressaten der Rechnungslegung sind aber an nachhaltigen und prognosefähigen Ergebnissen interessiert. Sie bilden für sie den Ausgangspunkt zur Bestimmung des Unternehmenswerts.[133] Dank des „Management Approach" stehen den Investoren in vielen Bereichen auch interne Daten aus dem Controlling zur Verfügung, was Managemententscheidungen nachvollziehbarer macht. Bei der betrieblichen Altersversorgung ist dies nicht der Fall, da IAS/IFRS die PUC verpflichtend vorschreiben.[134] Sofern andere versicherungsmathematische Verfahren eine höhere Prognosefähigkeit der Erfolgsgrößen zur Folge haben, würden also auch externe Adressaten der Rechnungslegung sich für ein aus Controllingsicht optimales Verfahren entscheiden. Ähnliches gilt für das Controlling selbst, da es ebenfalls an nachhaltigen und prognosefähigen Erfolgen interessiert ist. Begründet liegt dies darin, dass dem Controlling als Regelkreissystem[135] neben der Steuerung auch die Planung und Kontrolle zukommt. Planungen sind aber ohne Prognosen nicht möglich.

---

[132] Vgl. zur Einordnung von Vergütungen in die Unternehmenssteuerung Kahle (2003), S. 775.
[133] Vgl. Gleich/Kieninger/Kämmler (2005), S. 666 und S. 669.
[134] Vgl. Weißenberger/Arbeitskreis „Controller und IFRS" (2006), S. 352.
[135] Vgl. Dirrigl (1998b), S. 558.

All diese Punkte zeigen, dass die Bestimmung von anreizkompatiblen und prog-nosefähigen Ergebnissen ein Kernthema für das Controlling darstellt. Bezogen auf die in Kapitel 2.2 dargestellten Komponenten der wirtschaftlichen Lage wird damit klar, dass der Erfolgslage hier eine überragende Bedeutung zukommt. Im Rahmen des nun folgenden Vergleichs von Anwartschaftsbarwert-, Gegenwarts-wert- und Teilwertverfahren anhand des Kriteriums der Performanceneutralität soll deshalb der Fokus auf der Erfolgslage liegen. Dabei soll wegen ihrer zuneh-menden Bedeutung[136] auch auf wertorientierte Performancemaße wie EVA, EEI oder CVA eingegangen werden. Vermögens- und Finanzlage werden aufgrund ihrer aus Controllingsicht geringeren Bedeutung nur am Rande behandelt. Der Vergleich der Periodisierungskonzepte findet jeweils auf zwei Ebenen statt: Die erste Ebene bildet die rein versicherungsmathematische Vorgehensweise der einzelnen Verfahren, während die zweite Ebene die zusätzlich geltenden Vor-schriften der entsprechenden Rechnungslegungsstandards umfasst. Die zweite Ebene baut dabei auf der ersten auf.

3.2.2 Erfolgslage

Die Erfolgslage setzt sich, wie in Kapitel 2.2 beschrieben, aus den beiden Kom-ponenten Aufwand und Ertrag zusammen. Da Pensionszusagen als Substitut für Lohn- und Gehaltszahlungen betrachtet werden können[137] und spätestens in der Zukunft zu Auszahlungen führen, liegt es nahe, als ersten Teil der Erfolgslage den Aufwand zu betrachten und anschließend auf den Ertrag einzugehen. Der durch eine Pensionszusage ausgelöste Gesamtaufwand einer Periode umfasst im wesent-lichen zwei Teile[138]: zum einen den jeweiligen Leistungsbaustein, den sich der Arbeitnehmer erdient hat, zum anderen die Verzinsung des Verpflichtungsum-fangs der Vorperiode. Beide entwickeln sich im Zeitablauf je nach gewähltem Periodisierungsverfahren unterschiedlich.[139]

Der Ertrag bildet die andere Hälfte der Erfolgslage. Auf den ersten Blick mag es fraglich erscheinen, ob der Ertrag bei Pensionszusagen überhaupt eine Rolle spielt.

---

[136] Vgl. Lachnit/Müller (2002), S. 2553.
[137] Vgl. Kapitel 2.1.2.
[138] Von den durch Pensionszusagen ausgelösten Verwaltungskosten und den Beiträgen an den Pensionssicherungsverein sei hier abstrahiert.
[139] Vgl. die Darstellungen bei Petersen (2002), S. 37 f.

Es ist aber so, dass Pensionsverpflichtungen in Unternehmen stets durch Vermögen gedeckt sind. Diese Deckung kann unternehmensintern oder -extern erfolgen.[140] Der Grund besteht im Charakter der Verpflichtung als ungewisse Verbindlichkeit: Sie ist auf der Passivseite der Bilanz auszuweisen und steht somit dem Vermögen gegenüber. Sofern dieses Vermögen Erträge erwirtschaftet, z.B. Zinsen auf als Finanzanlagen gehaltene Wertpapiere, dienen diese Erträge immer auch zur Deckung der mit der Pensionsverpflichtung verbundenen Aufwendungen.[141] Beeinflusst wird der Ertrag durch Pensionsverpflichtungen, wenn das zur Deckung der Verpflichtung vorgesehene Vermögen aufgrund von Rechnungslegungsstandards bestimmten Kriterien[142] genügen muss. Dies kommt einer impliziten Einschränkung der Anlagemöglichkeiten nahe.

Um die Frage zu klären, ob Wert geschaffen oder vernichtet wurde, muss zusätzlich eine kalkulatorische Verzinsung des eingesetzten Kapitals berücksichtigt werden. In diesem Fall würde die Erfolgslage durch Residualgewinne[143] abgebildet. Dabei ist darauf zu achten, dass die Residualgewinnkonzepte EVA, CVA und EEI Differenzen sowohl bei der Erfolgsgröße als auch bei der Kapitaleinsatzgröße aufweisen. Bei keiner dieser wertorientierten Kennzahlen beeinflussen Pensionsverpflichtungen die Kapitaleinsatzgröße. Es soll deshalb eine Beschränkung auf die „klassischen" Erfolgskomponenten Aufwand und Ertrag erfolgen.

Es folgt nun der eigentliche Vergleich der Auswirkungen der verschiedenen versicherungsmathematischen Verfahren auf die Erfolgslage. Aus Gründen der Übersichtlichkeit wird dabei jedem Verfahren ein eigenes Kapitel eingeräumt.

3.2.2.1 Anwartschaftsbarwertverfahren

Zunächst wird der Aufwand losgelöst von Rechnungslegungsvorschriften betrachtet. Im Anwartschaftsbarwertverfahren umfasst dieser die beiden o.g. Komponenten. Wie in Kapitel 3.1.1 erläutert, wird der Leistungsbarwert lediglich auf die

---

[140] Vgl. Mühlberger/Schwinger (2006), S. 23.
[141] Vgl. Schwinger/Jasper (2004), S. 26 und S. 30.
[142] Hier ist vor allem an IAS 19.7 zu denken. Vgl. Mühlberger/Schwinger (2006), S. 46 f. und Kapitel 3.2.2.1.
[143] Ein einfaches Residualgewinnkonzept ist das sog. Lücke-Theorem. Vgl. Kahle (2003), S. 776 f. und Henselmann (2001), S. 162.

aktuelle sowie die vorherigen Perioden verteilt. Im Zeitablauf rückt die aktuelle Berichtsperiode jedes Jahr näher an den Eintrittszeitpunkt des Versorgungsfalls heran. Dies bedeutet, dass sich der Zeitraum für die Diskontierung des Leistungsbausteins EA_t der jeweils aktuellen Periode zunehmend verkürzt.[144] Die diskontierten Werte der Leistungsbausteine weisen also unabhängig von der unterstellten Planformel eine Dynamisierung auf. Da aber diese diskontierten Werte zusammen mit der Verzinsung des Verpflichtungsbestands den Aufwand in Form der Zuführung bilden, verläuft der Gesamtaufwand keinesfalls konstant. Vielmehr weist er einen steigenden Verlauf auf.[145] Selbst wenn der Zinsaufwand nicht betrachtet wird, nimmt der dem diskontierten Leistungsbaustein entsprechende Dienstzeitaufwand stetig zu.

Der Zinsaufwand steigt ebenfalls im Zeitablauf, allerdings aus einem einfachen Grund: Der Wert der Verpflichtung steigt von Periode zu Periode. Da der Zinsaufwand sich anhand des jeweiligen Vorjahresbestands bestimmt, muss er also zunehmen. Dieses Ansteigen der Zinskomponente des Aufwands führt jedoch nicht zwangsläufig zu einer Erfolgsverzerrung. Pensionsverpflichtungen stellen im weitesten Sinne Fremdkapital dar,[146] sind aber gleichzeitig ein Mittel der Innenfinanzierung.[147] Der mit ihrer Bildung einhergehende Zinsaufwand ist also als Finanzierungskosten anzusehen.[148] Unter der Annahme, dass bei einer nicht vorhandenen betrieblichen Altersversorgung vom Unternehmen verzinsliches Fremdkapital aufgenommen worden wäre, wäre also auch ohne Pensionszusagen Zinsaufwand entstanden. Dieser würde eventuell eine andere Höhe, aber trotzdem eine zumindest ähnliche zeitliche Struktur aufweisen. Wenn eine Trennung von Zins- und Dienstzeitaufwand vorgenommen wird,[149] würden die Periodenerfolge als Ausdruck der operativen Unternehmensperformance nur durch den laufenden Dienstzeitaufwand verzerrt. Insoweit kann vom Zinsaufwand also keine oder zumindest nur eine geringe Verzerrung der Erfolgslage ausgehen.

---

[144] Vgl. Molzahn (2006), S. 63.
[145] Vgl. Postert/Wolz (1999), S. 2176 und Petersen (2002), S. 37.
[146] Vgl. Wöhe/Bilstein (2002), S. 376.
[147] Vgl. Gohdes/Meier (2003), S. 1377.
[148] Vgl. Petersen (2002), S. 62.
[149] Vgl. Lachnit/Müller (2004), S. 499 f.

Bei einer konstanten operativen Leistung des Unternehmens ergibt sich aus Sicht des Controllings damit ein Problem. Werden nämlich die Periodenerfolge einmal ohne und einmal mit Berücksichtigung der betrieblichen Altersversorgung ermittelt, entwickeln diese sich in beiden Fällen unterschiedlich. Sofern für den ersten Fall konstante Periodenerfolge vorliegen, werden jene im zweiten Fall einen fallenden Verlauf aufweisen. Baut die ergebnisorientierte Steuerung auf den Periodenerfolgen auf, dann ergeben sich im zweiten Fall Steuerungssignale, die der tatsächlichen (Erfolgs-) Lage des Unternehmens widersprechen. Dies ist aus Controllingsicht nicht optimal.

Sofern in der Unternehmenssteuerung Residualgewinnkonzepte zum Einsatz kommen, die auf buchhalterischen Erfolgsgrößen basieren,[150] ergibt sich ein ähnliches Bild. Verglichen mit dem Fall ohne Pensionszusagen fallen die Residualgewinne niedriger aus und verlaufen c.p. trotz konstanter operativer Performance fallend. Das erschwert die Steuerung. Hinzu kommen die bei dieser Art von wertorientierten Kennzahlen auftretenden Probleme, auf die hier aber nicht eingegangen werden soll.[151]

Bisher wurde lediglich der Aufwand und dieser auch nur auf der ersten Ebene (versicherungsmathematische Verfahren) betrachtet. Wird dagegen ergänzend die zweite Ebene (Rechnungslegungsstandards) betrachtet, dann tritt auch der Ertrag hinzu, wie im folgenden gezeigt wird.

Da das Anwartschaftsbarwertverfahren in Form der PUC nach IAS/IFRS verpflichtend anzuwenden ist, soll auf den relevanten Standard IAS 19 näher eingegangen werden.[152] Dieser Rechnungslegungsstandard erlaubt explizit die Bildung von Planvermögen, das mit der Pensionsverpflichtung verrechnet werden darf, wenn es bestimmte Kriterien erfüllt. Analog mindert der von diesem Planvermögen erwartete Ertrag den mit der Pensionsverpflichtung einhergehenden Aufwand in der betrachteten Periode.[153] Sofern der Sonderfall eintritt, dass sich der Ertrag

---

[150]   Zu diesen Konzepten gehört EVA, während CVA und EEI den Brutto-Cash-Flow als Erfolgs-
         größe nutzen. Vgl. Ewert/Wagenhofer (2000), S. 7 und Henselmann (2001) S. 175 ff.
[151]   Vgl. stattdessen z.B. Henselmann (2001), S. 175.
[152]   Auf eine erneute Erläuterung der Vorschriften von IAS 19 sei hier weitgehend verzichtet, da
         bereits in Kapitel 3.1.1 darauf eingegangen wurde.
[153]   Vgl. Mühlberger/Schwinger (2006), S. 60 und IAS 19.105.

aus Planvermögen und der Zinsaufwand entsprechen, wird der Pensionsaufwand allein vom Dienstzeitaufwand der Periode bestimmt. Das Planvermögen selbst ist zum beizulegenden Zeitwert („Fair Value") zu bewerten. Wenn dieser nicht durch Marktwerte ermittelt werden kann, sind Bewertungen auf Basis eines DCF-Kalküls durchzuführen. Die dort einfließenden Parameter sind vom Management zu schätzen und unterliegen damit einem Ermessensspielraum. Etwaige Wertschwankungen oder Schätzfehler führen zu versicherungsmathematischen Gewinnen und Verlusten und unterliegen damit dem Korridoransatz.[154] Ein Problem besteht aber auch, wenn bestehende Vermögenswerte neu als Planvermögen klassifiziert werden. Da es hier ggf. zu Umbewertungen kommt, können einmalig erfolgswirksame Buchungen auftreten. Dies führt zu einer Verzerrung der Periodenerfolge, selbst wenn diese Buchungen nicht dem Pensionsaufwand zugerechnet werden.[155]

IAS 19 folgt dem „Income Approach", so dass alle Größen ex ante am Periodenanfang geplant und dann ex post ggf. angepasst werden. Hinsichtlich des beim Planvermögen erwarteten Ertrags bedeutet dies, dass auch zu optimistische Schätzungen seitens des Managements möglich sind.[156] Diese mindern aber trotz ihres Planungscharakters den Pensionsaufwand, weil dieser letztlich auch nur eine Plangröße ist.[157] Da IAS 19 keine Vorschriften zur Abschätzung der Rendite des Planvermögens enthält, sind hier also prinzipiell Sachverhaltsgestaltungen des Managements möglich – prinzipiell deshalb, weil zu hoch angesetzte, aber ex post nicht realisierte Planrenditen zu versicherungsmathematischen Verlusten in den Folgeperioden führen. Auch marktbedingte Schwankungen des Rechnungszinses erzeugen versicherungsmathematische Gewinne und Verluste. Dies geschieht über aus Zinssatzänderungen resultierende Zu- bzw. Abnahmen des Verpflichtungsumfangs. Hier ist seitens des Controllings zu kritisieren, dass es dadurch einerseits zu einer Verzerrung der Periodenerfolge kommt, andererseits der Verpflichtungsumfang keine Information mehr über die zukünftig zu erwartenden Pensionszahlungen geben kann.[158]

---

[154] Vgl. Schwinger/Jasper (2004), S. 27.
[155] Vgl. zur Bewertung des Planvermögens Mühlberger/Schwinger (2006), S. 55-57.
[156] Vgl. Pellens/Fülbier/Sellhorn (2004), S. 143.
[157] Vgl. Mühlberger/Schwinger (2006), S. 45.
[158] Vgl. Kirsten/Schiffer (2006), S. 685.

Versicherungsmathematische Gewinne und Verluste können nach IAS 19 auf verschiedene Arten erfasst werden – ergebnisneutral oder ergebniswirksam. Sofern eine ergebniswirksame Erfassung durchgeführt wird, bildet der Korridoransatz eine Untergrenze hinsichtlich der Höhe des einer Periode zuzuordnenden versicherungsmathematischen Gewinns oder Verlusts. Der Grund liegt darin, dass IAS 19.93 es erlaubt, in zwei Punkten vom eigentlichen Korridoransatz des IAS 19.92 abzuweichen: Erstens kann für die Verteilung der den 10%-Korridor übersteigenden Beträge jede schnellere Periodisierung gewählt werden. Zweitens kann auch mehr als nur der überschießende Teil als Aufwand bzw. Ertrag gebucht werden.[159] Die „Standardfassung" des Korridoransatzes soll mittels der „deferred recognition" eine geringere Volatilität des Periodenerfolgs bewirken.[160] Diese wird aber gerade durch den „Income Approach" verursacht. Es kommt in gewisser Weise zu einer doppelten Fehlerfassung, da einerseits Planwerte als Grundlage genutzt werden, andererseits aber auch noch eine verzögerte Buchung erfolgt. Somit wird bei Anwendung des Korridoransatzes eine ebenfalls doppelte Verzerrung der zeitlichen Struktur der Periodenerfolge auftreten. Neben dem bloßen Auftreten versicherungsmathematischer Verluste – z.B. wie dargestellt aufgrund von zu optimistischen Schätzungen – wird die nötige Buchung in einer späteren Periode vorgenommen. Dies entspricht einer Verletzung des Verursachungsprinzips.[161]

Aus Sicht des Controllings würde also eine Anwendung des Korridoransatzes und der damit verbundenen „deferred recognition" zu Steuerungsproblemen führen, weil die Periodenerfolge verzerrt werden. Ein Punkt ist auch, dass das Management beim Korridoransatz den Zeitraum für die Verteilung der versicherungsmathematischen Verluste beeinflussen kann, indem es hier entsprechende Annahmen hinsichtlich der zu erwartenden Restbetriebszugehörigkeit trifft.[162] Letztlich ist die Eignung des Korridoransatzes und der „deferred recognition" unter Steuerungsaspekten allein schon deshalb fraglich, weil das Management für Fehlplanungen nicht oder nur mit Verzögerung „bestraft" wird. Dafür sorgen die enthaltenen Glättungsmechanismen.

---

[159] Vgl. Küting/Keßler (2006), S. 200, Abb. 4.
[160] Vgl. Fülbier/Sellhorn (2004), S. 390.
[161] Vgl. Molzahn (2006), S. 78 und Zimmermann/Schilling (2004), S. 486.
[162] Vgl. Küting/Keßler (2006), S. 201.

Fraglich ist allerdings auch, ob nicht die ebenfalls erlaubten Alternativen zum Korridoransatz eine bessere Steuerung ermöglichen. Da jede im Vergleich zu IAS 19.92 schnellere Erfassung der versicherungsmathematischen Gewinne und Verluste erlaubt ist,[163] käme auch eine sofortige erfolgswirksame Buchung in Betracht. Damit wäre das Verursachungsprinzip erfüllt, allerdings stiege die Volatilität der Periodenerfolge stark an. Zwar ist das Controlling zu Steuerungszwecken grundsätzlich an ungeglätteten und damit volatilen Ergebnissen interessiert,[164] die sofortige erfolgswirksame Erfassung führt aber trotzdem zu einer Verzerrung der Periodenerfolge. Begründet liegt dies darin, dass die Höhe des zu buchenden Aufwands oder Ertrags von den Schätzungen des Managements abhängt. Diese Schätzungen werden am Anfang der Berichtsperiode vorgenommen, so dass sich am Ende dieser Periode ein versicherungsmathematischer Gewinn oder Verlust ergibt, der dann sofort zu erfassen ist. Das Management wird also in die Lage versetzt, sich abzeichnende langfristige Schwankungen des operativen Geschäftserfolgs[165] durch entsprechende versicherungsmathematische Annahmen zu glätten.[166] Eine ergebnisorientierte Steuerung mittels der Periodenerfolge wird damit deutlich erschwert. Gleiches ergibt sich für zwischen der sofortigen erfolgswirksamen Erfassung und dem Korridoransatz einzuordnende Varianten. Sie führen lediglich zu einer anderen Höhe der Aufwandspositionen.

Im Jahr 2004 veröffentlichte das IASB (International Accounting Standards Board) im Zusammenhang mit IAS 19 eine neue Regelung, die es erlaubt, versicherungsmathematische Gewinne und Verluste sofort, aber erfolgsneutral, im Eigenkapital zu buchen.[167] Die Periodenerfolge werden also nicht berührt. Auch eine zeitliche Verzögerung durch eine etwaige „deferred recognition" tritt nicht auf. Da die Periodenerfolge nicht durch versicherungsmathematische Gewinne oder Verluste belastet werden, kommt es insoweit auch zu keiner Verzerrung der Performancedarstellung. Allerdings gilt dies nur für die durch Planabweichungen ausgelösten Vorgänge. Die beiden Hauptkomponenten des Aufwands, Dienstzeit- und Zinsaufwand, sowie der erwartete Ertrag des Planvermögens werden weiter-

---

[163] Vgl. IAS 19.93.
[164] Vgl. Kahle (2003), S. 782.
[165] Denkbar wären hier konjunkturell bedingte Zyklen von wenigen Jahren Dauer.
[166] Es könnte auch von „Misserfolgsverschleierung" gesprochen werden, Kahle (2003), S. 781.
[167] Vgl. Pellens/Fülbier/Gassen (2006), S. 438 und Rhiel (2005), S. 293.

hin erfolgswirksam erfasst.[168] Dies geschieht, obwohl es sich um ex ante geschätzte Größen handelt, die aufgrund ihres Planungscharakters dem Management Gestaltungsspielraum bieten und somit z.B. für die o.g. Glättung von Ergebnisschwankungen „missbraucht" werden können. Diese Option zur ergebnisneutralen Erfassung stellt also aus Perspektive des Controllings keine brauchbare Vorgehensweise dar. Dieser Eindruck verstärkt sich, wenn berücksichtigt wird, dass der Erfolgsbegriff nach IAS/IFRS am Eigenkapital ansetzt. Sofern keine Transaktionen mit Anteilseignern stattfinden, ergibt sich der Periodenerfolg dort als Eigenkapitalveränderung zwischen zwei Bilanzstichtagen und umfasst somit nicht nur erfolgswirksam gebuchte Posten.[169] Ergebnisneutral erfasste versicherungsmathematische Gewinne und Verluste wären in dieser Erfolgsdefinition also wieder enthalten, da sie das Eigenkapital direkt beeinflussen.[170]

Kommt es zu nachträglichen Zusageerhöhungen oder wird die Zusage erst nach Diensteintritt erteilt, wird eine bestehende Verzerrung der zeitlichen Struktur der Periodenerfolge noch verstärkt. Die Ursache ist die Verteilung des so entstehenden zusätzlichen Aufwands über den Zeitraum zwischen der Erhöhung (bzw. Neuzusage) und der Unverfallbarkeit der Leistungen. Sofern ein Teil der Leistungen bereits unverfallbar ist, ist der entsprechende Aufwand sofort zu erfassen. Lediglich der Restbetrag ist linear – ohne Zinseffekte – zu verteilen.[171] Die Folge ist, dass auch spätere Perioden u.U. noch durch die Zusage bzw. Zusageerhöhung mit Aufwand belastet werden. Es kann die Situation eintreten, dass die für die Erhöhung verantwortlichen Manager das Unternehmen bereits verlassen haben, ihre Nachfolger aber an den aufgrund der Aufwandsverteilung niedrigeren Periodenerfolgen gemessen werden. Bei sofort unverfallbaren Leistungen kommt es dagegen zu aperiodischem Aufwand in der Berichtsperiode, weil eine Aufwandsnachholung stattfindet.

Ebenfalls Ursache für eine verstärkte Verzerrung kann ein „Backloading" sein. Darunter wird eine derartige Gestaltung der Planformel verstanden, dass spätere Perioden in der Dienstzeit des Arbeitnehmers stärker mit Dienstzeitaufwand

---

[168] Vgl. Küting/Keßler (2006), S. 202.
[169] Vgl. Küting (2006), S. 1447.
[170] Vgl. Küting/Keßler (2006), S. 203 und Pellens/Fülbier/Gassen (2006), S. 438.
[171] Vgl. Mühlberger/Schwinger, S. 72 f. und Fülbier/Sellhorn (2004), S. 391.

belastet werden.[172] Das Management hat hier also die Möglichkeit, bereits bei Abgabe der Pensionszusage den Aufwand zeitlich gesehen nach hinten zu verlagern, indem es mit dem betroffenen Mitarbeiter eine entsprechende Planformel vereinbart.[173] Eine solche Vorgehensweise könnte vor allem dann interessant sein, wenn der für die Pensionszusage verantwortliche Manager in Kürze aus dem Unternehmen ausscheidet und seine Vergütung von den sich ergebenden Periodenerfolgen abhängt. Unter dem Aspekt der Steuerung ist ein „Backloading" also zu vermeiden. Auch sein Pendant, das „Frontloading", ist aus Controllingsicht eher negativ zu beurteilen. Erwirtschaftet ein Unternehmen nämlich außerordentlich hohe Periodenerfolge, kann dies das Management bei Neueinführung einer betrieblichen Altersversorgung zu einem „Frontloading" verleiten, um spätere Perioden hinsichtlich des Aufwands zu entlasten. Aus Sicht des Controllings wäre allenfalls ein „Frontloading" akzeptabel, dass die rechentechnisch begründete Dynamisierung des Dienstzeitaufwands gerade eben ausgleicht. Aufgrund des bei der PUC vorliegenden Planungscharakters des gesamten Aufwands scheint dies jedoch nur schwer umsetzbar.

Wird ein aus der Perspektive des Controllings hergeleiteter Maßstab angelegt, kann das Anwartschaftsbarwertverfahren, insbesondere die von IAS 19 vorgeschriebene PUC, nicht als optimal bezeichnet werden. Die Zahl der Periodenerfolgsverzerrungen ist dafür zu hoch, was mit der Vielzahl impliziter Wahlrechte zusammenhängt.[174] Daneben würde der Glättungsmechanismus des Korridoransatzes höchstens dann Sinn machen, wenn der unwahrscheinliche Fall eintritt, dass sich eventuelle Schätzfehler im Zeitablauf ausgleichen.[175] Zwar ist eine einmal gewählte Methodik bei der Erfassung versicherungsmathematischer Gewinne und Verluste nach IAS 19 beizubehalten. Die Nachteile der einzelnen Varianten hinsichtlich der Steuerung werden dadurch aber nicht behoben. Ein Vorteil des Anwartschaftsbarwertverfahrens könnte darin gesehen werden, dass es eine Aufwandsallokation gemäß der vereinbarten Planformel vornimmt.[176] Allerdings geht dieser Vorteil verloren, da die Planformel vom Management beein-

---

[172] Vgl. Schildbach (1999), S. 960 und Mühlberger/Schwinger (2006), S. 36 f.
[173] Nach IAS 19.67 ist ein „Backloading" nur eingeschränkt zulässig, allerdings werden konkrete Kriterien dort nicht genannt.
[174] Vgl. Fülbier/Sellhorn (2004), S. 393.
[175] Vgl. Zimmermann/Schilling (2004), S. 488 f. und Planert (2006), S. 185.
[176] Vgl. Petersen (2002), S. 42 und Planert (2006), S. 58.

flussbar ist und die Aufwandsverteilung von den Regelungen der PUC nach IAS 19 abhängt.

3.2.2.2 Gegenwartswertverfahren

Das Gegenwartswertverfahren gehört zur Gruppe der Gleichverteilungsverfahren. Zumindest ein Teil des gesamten Aufwands wird gleichmäßig über einen bestimmten Zeitraum verteilt. Hierbei handelt es sich um den Dienstzeitaufwand in Form der abgezinsten Leistungsbausteine. Wie in Kapitel 3.1.2 gezeigt wurde, entspricht der Dienstzeitaufwand einer Annuität. Lediglich die Zinskomponente des Aufwands verläuft steigend, da sie vom im Zeitablauf zunehmenden Verpflichtungsumfang abhängt. Eine etwaige Verzerrung der zeitlichen Struktur der leistungswirtschaftlichen Periodenerfolge könnte also nur vom Zinsaufwand ausgehen. Unter den in Kapitel 3.2.2.1 dargestellten Annahmen kann diese „zinsbedingte" Verzerrung aber abgespalten werden.

Wenn wertorientierte Kennzahlen wie EVA seitens des Controllings für Steuerungszwecke genutzt werden, behalten diese grundsätzlich ihre Aussagekraft. Dies liegt an der erwähnten Aufwandsgleichverteilung, die das Gegenwartswertverfahren vorsieht. Bei Vernachlässigung des Zinsaufwands fällt die operative Erfolgsgröße im Falle einer Pensionszusage zwar geringer aus, behält aber ihre Struktur im Zeitablauf bei. Lediglich der Zinsaufwand stellt eine Verzerrung gegenüber der Situation ohne Pensionszusage dar. Werden wertorientierte Kennzahlen verwendet, die auf Zahlungsgrößen aufbauen,[177] ergibt sich keine Verzerrung derselben.

Problematisch aus Sicht des Controllings könnte allerdings sein, dass nicht der Zeitpunkt des Diensteintritts, sondern der Zeitpunkt der Pensionszusage[178] in die Berechnung eingeht. Sofern ein Arbeitnehmer verhältnismäßig spät in seiner gesamten Dienstzeit in den Genuss einer Pensionszusage kommt, fällt der Zeitraum für das Erdienen der zugesagten Leistungen relativ kurz aus. Der mit der Zusage einhergehende Aufwand wird also über einen nur kurzen Zeitraum verteilt, so dass in den einzelnen Perioden dieser Phase eine relativ hohe Belastung der

---

[177] Zu nennen sind hier wieder CVA und EEI.
[178] Vgl. z.B. Thoms-Meyer (1996), S. 147 f.

Periodenerfolge geschieht. Damit liegt zumindest im Vergleich der Perioden vor der Zusage mit jenen nach der Zusage eine Verzerrung vor. Da der Dienstzeitaufwand einen Annuitätencharakter aufweist, bleibt diese Verzerrung aber überschaubar. Sie würde ohnehin bei einer erstmaligen Gewährung von betrieblicher Altersversorgung eines Unternehmens auftreten.

Ähnliches gilt bei nachträglich erteilten Zusageerhöhungen. Das Gegenwartswertverfahren behandelt eine Zusageerhöhung wie eine Neuzusage. Das bedeutet, dass der damit einhergehende Aufwand nur über die Zeit zwischen Zusageerhöhung und Eintritt des Versorgungsfalls verteilt wird.[179] Dies stellt einen Unterschied zum Anwartschaftsbarwertverfahren dar, bei dem prinzipiell der Charakter der Zusage für die Aufwandsverteilung ausschlaggebend ist. Unter dem Steuerungsaspekt scheint in diesem Fall das Gegenwartswertverfahren vorteilhaft zu sein, da das Management im Gegensatz zum Anwartschaftsbarwertverfahren (bzw. der PUC nach IAS 19) keine Möglichkeit hat, über die Ausgestaltung der Zusage die Aufwandsverteilung zu beeinflussen. Einzige Variablen sind Ausmaß und Zeitpunkt der Zusageerhöhung.

Auch das Gegenwartswertverfahren soll nun auf der Ebene der Rechnungslegungsstandards untersucht werden. Handelsrechtlich zulässig ist das Gegenwartswertverfahren streng genommen nur dann, wenn Diensteintritts- und Zusagezeitpunkt übereinstimmen.[180] Ein Problem bei der Aufwandsverteilung könnte dann aber im handelsrechtlichen Stichtagsprinzip zu sehen sein. Nach diesem Prinzip dürfen keine Preis- und Gehaltstrends in die Bewertung der Pensionsverpflichtung eingehen, da dies dem Verursachungsprinzip und den handelsrechtlichen GoB widersprechen würde.[181] In der Folge kommt es daher zu einer systematischen Unterbewertung der Verpflichtung, was wiederum einen zu niedrigen Aufwandsausweis nach sich zieht.[182] Bezogen auf die gesamte Dienstzeit eines pensionsberechtigten Arbeitnehmers ergibt sich damit eine Verlagerung des Aufwands in die Zukunft. Dies entspricht nicht einer periodengerechten Aufwandsverrechnung,[183]

---

[179] Vgl. Molzahn (2006), S. 66.
[180] Vgl. Thoms-Meyer (1996), S. 152.
[181] Wie in Kapitel 3.1.1 erläutert wurde, geht IAS 19 mit der PUC den umgekehrten Weg.
[182] Vgl. Thoms-Meyer (1996), S. 87 ff. und Schildbach (1999), S. 961.
[183] Vgl. Ahrend (1995), S. 5.

führt also zu einer Verzerrung der Erfolgslage und ist aus Sicht des Controllings damit nachteilig.

Der Problematik der Preis- und Gehaltstrends kann handelsrechtlich durch eine Anpassung des Rechnungszinses Rechnung getragen werden.[184] Das HGB selbst schreibt keinen expliziten Rechnungszins für die Bewertung von Pensionszusagen vor, enthält aber auch nicht wie IAS 19 eine Vorschrift zur Ableitung eines Zinssatzes anhand von Kapitalmarktdaten. Wie in Kapitel 3.1.2 dargestellt wurde, kommt beim Gegenwartswertverfahren prinzipiell jener Zins zum Einsatz, der dem Kreditverhältnis zwischen Arbeitnehmer und -geber zugrunde liegt. Sofern dieser Zins als konstant angenommen und nicht an die Marktentwicklung gekoppelt wird, ergeben sich keine marktinduzierten Schwankungen des mit der Pensionszusage einhergehenden Aufwands.[185] Dies stellt einen Unterschied zur PUC dar, bei der der Zins in jeder Periode neu auf Basis von Kapitalmarktdaten geschätzt werden muss. Das Gegenwartswertverfahren vermeidet hier also erstens eventuelle Schätzfehler seitens des Managements und zweitens eine außerhalb des Unternehmenseinflusses liegende Volatilität des Zinses. Beides führt zu einer geringeren Verzerrung der Periodenerfolge im Vergleich mit der PUC nach IAS 19. Gerade der Aspekt der unvermeidbaren Volatilität der Marktzinssätze ist unter Steuerungsgesichtspunkten bedeutsam, da sich diese der Kontrolle des Managements völlig entzieht.

Durch die Verwendung eines langfristigen und annähernd konstanten Rechnungszinses kommt es beim Gegenwartswertverfahren auch nicht zu einem erhöhten Diskussionsbedarf zwischen Management und Controlling über die „Richtigkeit" des verwendeten Zinses. Dieser kann sich aber nach der PUC ergeben, wenn eigentlich nötige Zinsanpassungen seitens des Managements nicht vorgenommen werden.[186] In gewisser Weise lassen sowohl das Gegenwartswertverfahren als auch die PUC nach IAS 19 den Entscheidungsträgern einen Spielraum bei der Wahl des Zinssatzes. Die im Zusammenhang mit dem Gegenwartswertverfahren anzuwendenden handelsrechtlichen GoB gehen jedoch anders als IAS 19 stärker

---

[184] Vgl. Siepe (1997), S. 473 und Feld (2003), S. 576 f. Kritisch äußert sich Petersen (2002), S. 59.
[185] Vgl. Feld (2003), S. 576.
[186] Vgl. Rhiel (2005), S. 294.

von einem konstanten Zins aus, der sich zudem nur in bestimmtem Breiten bewegen soll.[187] Somit gibt es beim Gegenwartswertverfahren weniger „Interpretationsmöglichkeiten" hinsichtlich des in einer jeweiligen Periode zu nutzenden Zinssatzes, was eine geringere Verzerrung der Periodenerfolge zur Folge haben dürfte.

Bisher wurde nur die Aufwandsseite betrachtet. Eine Ertragskomponente kennt das Gegenwartswertverfahren aber nicht, da anders als nach IAS 19 im deutschen Handelsrecht keine Verrechnung von Pensionsverpflichtung und Planvermögen vorgesehen ist.[188] Insofern ist hier auch keine Quelle einer möglichen Erfolgsverzerrung gegeben. Gleiches gilt für versicherungsmathematische Gewinne und Verluste, wie sie IAS 19 kennt. Da nach dem Gegenwartswertverfahren die einzelnen (Aufwands-) Größen nicht ex ante geschätzt werden, sind auch ex post keine Anpassungen vorzunehmen. Damit entfallen auch das Konzept des Korridoransatzes und die „deferred recognition".

Unter dem Aspekt einer möglichst geringen Verzerrung der Periodenerfolge scheint das Gegenwartswert- dem Anwartschaftsbarwertverfahren überlegen zu sein. Dies gilt erst recht bei Berücksichtigung der Vorschriften des IAS 19 und der handelsrechtlichen Regelungen. Fraglich ist allerdings, wie hier das Teilwertverfahren einzuordnen ist. Es wird als nächstes betrachtet.

3.2.2.3   Teilwertverfahren

Genau wie das Gegenwartswertverfahren nimmt auch das Teilwertverfahren eine Gleichverteilung des laufenden Dienstzeitaufwands vor. Es ergibt sich daher das schon weiter oben dargestellte Bild, dass der periodische Aufwand konstant bleibt und nur der Zinsaufwand stetig zunimmt. Wie in Kapitel 3.2.2.1 dargestellt wurde, führt das Ansteigen des Zinsaufwands dabei nicht automatisch zu einer Verzerrung der Periodenerfolge. Wenn unterstellt wird, dass die dafür nötigen Annahmen erfüllt sind, entfällt beim Teilwertverfahren also eine Verzerrung der Erfolgslage. Die genannte Gleichverteilung beider Verfahren stellt insofern einen Vorteil gegenüber dem Anwartschaftsbarwertverfahren dar, da nicht auf eine Planformel

---

[187]   Vgl. Schildbach (1999), S. 962 und Feld (2003), S. 576.
[188]   Weder das HGB noch das EStG sehen eine derartige Verrechnungsmöglichkeit vor.

zur Bestimmung der Leistungsbausteine und damit des Aufwands einer jeweiligen Periode zurückgegriffen wird.[189] Eine Sachverhaltsgestaltung des Managements in Form eines „Front-" bzw. „Backloading" wird somit unmöglich gemacht. In diesem Punkt bieten Gegenwartswert- und Teilwertverfahren einen Vorteil gegenüber dem Anwartschaftsbarwertverfahren und stehen gleichbe-rechtigt nebeneinander. Auch für wertorientierte Kennzahlen ergibt sich bei beiden Verfahren das gleiche Ergebnis.

Der beim Teilwertverfahren zur Berechnung des einer jeweiligen Periode zuzuordnenden Leistungsbausteins relevante Zeitraum umfasst die gesamte Dienstzeit eines Arbeitnehmers. Wie beim Gegenwartswertverfahren werden auch zukünftige Perioden berücksichtigt. Den Beginn des Verteilungszeitraums markiert aber im Unterschied dazu der Zeitpunkt des Diensteintritts und zwar unabhängig von jenem Zeitpunkt, zu dem die Zusage erfolgt. Für den Fall, dass Zusage und Diensteintritt auseinanderfallen, ist also zu fragen, ob diese Unterschiede hinsichtlich des Berechnungszeitraums aus Controllingsicht bedeutsam sind. Nach dem Teilwertverfahren muss zum Zusagezeitpunkt eine Einmalrückstellung $SZF_{t=z}$ gebucht werden, um jenen Aufwand zu erfassen, der vergangenen Dienstzeitperioden zugerechnet wird.[190] Je später – bezogen auf die Gesamtdienstzeit eines Arbeitnehmers – die Zusage erfolgt, desto höher wird dieser Aufwand ausfallen. Da er aperiodischen Charakter hat, führt dies zu einer Verzerrung der Periodenerfolge und damit zu einer erschwerten Steuerung.

Gleiches gilt für nachträgliche Zusageerhöhungen, da diese ebenfalls zur Bildung von Einmalrückstellungen führen. Da das Management aber bei der Entscheidung über eine Zusage oder Zusageerhöhung unter anderem hinsichtlich des Zeitpunkts frei wählen kann,[191] eröffnet sich die Möglichkeit, eine Aufwandsverschiebung in spätere Perioden vorzunehmen. Dies könnte z.B. interessant sein, um das Ergebnis der aktuellen Periode zu entlasten. Während es beim Gegenwartswertverfahren bei Zusageerhöhungen lediglich zu einer Verzerrung zwischen der Zeit vor und jener nach der Erhöhung kommt, tritt beim Teilwertverfahren aufgrund der Ein-

---

[189] Thoms-Meyer (1996), S. 154, argumentiert, dass nur eine konstante Arbeitnehmerleistung eine sinnvolle Annahme sei und daher eine Gleichverteilung zu erfolgen habe.
[190] Vgl. Thoms-Meyer (1996), S. 148 und Kapitel 3.1.3.
[191] Von der Anpassungspflicht des § 16 BetrAVG sei an dieser Stelle abgesehen. Vgl. zu Einzelheiten dieser Vorschrift Planert (2006), S. 86 ff.

malrückstellung eine weitere Verzerrung der Periodenerfolge hinzu. Genau genommen bedeutet die Einmalrückstellung eine Durchbrechung der eigentlich angestrebten Gleichverteilung.[192] Insoweit ist es also dem Gegenwartswertverfahren aus Controllingsicht unterlegen.

Zu betrachten ist nun die Ebene der Rechnungslegungsstandards. Wie beim Gegenwartswert- ergibt sich auch beim Teilwertverfahren das Problem, dass aufgrund des handelsrechtlichen Stichtagsprinzips keine Gehalts- oder Preistrends berücksichtigt werden.[193] Dies führt zu dem schon erläuterten Effekt einer systematischen Unterbewertung der Verpflichtung sowie zu einer Verlagerung des Aufwands auf spätere Perioden.[194] Dieses Problem wird nun aber beim Teilwertverfahren durch die bei Zusageerhöhungen nötige Einmalrückstellung verschärft. Besonders klar wird dies, wenn (teil-) dynamische Zusagen betrachtet werden. Bei diesen Zusagen ist die Pensionsleistung an die Lohn- bzw. Gehaltsentwicklung gekoppelt. Es findet also im Prinzip in jeder Periode nach dem Zusagezeitpunkt eine Erhöhung statt, so dass eben auch in jeder Periode eine Einmalrückstellung nötig ist. Dies führt zu einer permanenten Aufwandsnachholung in Form von aperiodischem Aufwand. Die Durchbrechung der mit dem Teilwertverfahren angestrebten Gleichverteilung ist deshalb hier besonders ausgeprägt.[195] Unter Steuerungsaspekten stellt dies eine erhebliche Verzerrung der Periodenerfolge dar und ist daher als Nachteil des Verfahrens anzusehen.

Im Zusammenhang mit dem Gegenwartswertverfahren wurde bereits erwähnt, dass eine zumindest implizite Berücksichtigung von Preis- und Gehaltstrends und damit eine Abmilderung der Verzerrung durch eine Modifikation des Rechnungszinses erfolgen kann, auch wenn diese mit Problemen[196] verbunden ist. Grundsätzlich kann an dieser Stelle deshalb auf die Ausführungen in Kapitel 3.2.2.2 verwiesen werden: Auch das Teilwertverfahren vermeidet gegenüber der PUC Schätzfehler des Managements und Zinssatzvolatilität durch Verwendung eines annähernd konstanten Zinses, der jenen Zins approximieren soll, der dem Kreditverhältnis zwischen Arbeitgeber und -nehmer zugrunde liegt. Es muss aber beach-

---

[192] Vgl. Planert (2006), S. 54.
[193] Vgl. Ahrend (1995), S. 5 und Feld (2003), S. 577.
[194] Vgl. Thoms-Meyer (1996), S. 87 ff. und Schildbach (1999), S. 961.
[195] Vgl. Ahrend (1995), S. 6.
[196] Vgl. hierzu z.B. Petersen (2002), S. 59 und Küting/Strickmann (1997), S. 8.

tet werden, dass dies nur für die normale betriebswirtschaftliche Fassung des Teilwertverfahrens gilt. Im Gegensatz hierzu sind bei der steuerlichen Variante, wie sie § 6a EStG vorschreibt, einige Besonderheiten zu berücksichtigen.

In erster Linie ist hier der starr auf sechs Prozent p.a. festgelegte Zinssatz zu nennen. Im Gegensatz zu der Zinsänderungen noch zulassenden Bandbreite des Handelsrechts[197] ist dieser Zinssatz nach dem Steuerrecht verbindlich anzuwenden. Es erfolgt also keinerlei Berücksichtigung von Änderungen der Marktzinssätze. Dies ist insofern positiv, als dass sich die Volatilität der Kapitalmärkte nicht in der Bewertung von Pensionszusagen widerspiegelt. Auch die Vergleichbarkeit zwischen einzelnen Unternehmen wird sichergestellt. Allerdings werden unternehmensspezifische Besonderheiten ausgeblendet. So erfolgt z.B. keine Berücksichtigung der steuerlichen Leistungsfähigkeit des Unternehmens. Auch die Unternehmensrentabilität spielt keine Rolle.[198] Aus Sicht des Controllings ist vor allem die pauschale Festlegung des Rechnungszinses zu kritisieren. Die schon angeführte implizite Berücksichtigung von Gehalts- und Preistrends über den Zins wird damit unmöglich gemacht. Als Folge ergibt sich eine starke Verzerrung der Periodenerfolge, die sich wie gezeigt bei (teil-) dynamischen Zusagen noch weiter verschärft. Unter diesem Gesichtspunkt ist die steuerliche Variante des Teilwertverfahrens gegenüber der rein betriebswirtschaftlichen Version im Nachteil.

Der einzige Vorteil des starren Zinses von sechs Prozent p.a. ist darin zu sehen, dass dem Management keinerlei Gestaltungsspielraum hinsichtlich des Rechnungszinses eingeräumt wird. In Kombination mit dem Fehlen des „Income Approach" der IAS/IFRS werden Schätzfehler der Entscheidungsträger und damit versicherungsmathematische Gewinne und Verluste beim steuerlichen Teilwertverfahren vermieden, so dass es gegenüber der PUC vorteilhaft erscheint.

Eine weitere Besonderheit des steuerlichen Teilwertverfahrens ist die Möglichkeit, eventuell anfallende Einmalrückstellungen gleichmäßig über drei Jahre zu verteilen.[199] Aus Controllingsicht kann dies helfen, die von zu bildenden Einmalrückstellungen ausgehenden Verzerrungen zu dämpfen oder sogar zu eliminieren.

---

[197] Diese beträgt 3% bis 6% p.a., vgl. Schildbach (1999), S. 962 und Planert (2006), S. 71.
[198] Vgl. Heubeck (1986), S. 357 und Lachnit/Müller (2004), S. 506.
[199] Vgl. Küting/Keßler (2006), S. 198.

Problematisch ist jedoch, dass es eigentlich zu einer erneuten Aufwandsverschiebung auf spätere Perioden kommt. Dies liegt daran, dass bereits die Einmalrückstellungen selbst aperiodischen Aufwand darstellen. Wenn dieser nun über drei Jahre verteilt werden kann, ergibt sich auch in diesen drei Perioden aperiodischer Aufwand. Dieser Effekt verstärkt sich, je mehr Einmalrückstellungen zu bilden sind, und ist daher bei (teil-) dynamischen Zusagen am größten. Die Möglichkeit zur „Drittelung"[200] der Einmalrückstellungen führt also zu einer weiteren Verzerrung der Erfolgslage.

Zu behandeln ist auch noch die bei der steuerlichen Variante des Teilwertverfahrens vorgesehene Beschränkung auf Arbeitnehmer, die das 28. bzw. das 30. Lebensjahr vollendet haben. Diese Beschränkung soll die bei jüngeren Mitarbeitern tendenziell höhere Fluktuation erfassen. Sie ist jedoch nicht unproblematisch. Zum einen liegt eine Durchbrechung der eigentlich gewünschten Aufwandsverteilung über die gesamte Dienstzeit eines Arbeitnehmers vor, weil bestimmten Dienstjahren überhaupt kein Aufwand zugeordnet und damit wieder eine Einmalrückstellung nötig wird. Es kommt also zu einer Verzerrung der Erfolgslage. Zum anderen werden unternehmensspezifische Gegebenheiten nicht berücksichtigt.[201] Das bedeutet, dass sich Managemententscheidungen, die zu einem Zu- oder Abfluss von Arbeitskräften und damit einer höheren Fluktuation führen, je nach Alter der betroffenen Arbeitnehmer bei der Bewertung des Verpflichtungsumfangs unterschiedlich auswirken können.[202] Das Management hat also über die Altersstruktur der Belegschaft einen gewissen Spielraum, bei Entlassungen und Neueinstellungen die Periodenerfolge zu beeinflussen.

Hinsichtlich einer Ertragskomponente gilt für das Teilwertverfahren dasselbe wie für das Gegenwartswertverfahren: Sowohl handels- als auch steuerrechtlich ist die Bildung von Planvermögen nicht vorgesehen. Deshalb existiert anders als bei der nach IAS 19 vorgeschriebenen PUC auch keine Erfassung einer Ertragskomponente. Versicherungsmathematische Gewinne und Verluste werden ebenfalls nicht gebildet, da keine Schätzung der einzelnen Größen ex ante erfolgt.

---

[200] Vgl. zu diesem Begriff und zu den genauen Regelungen Thoms-Meyer (1996), S. 155 ff.
[201] Vgl. Petersen (2002), S. 48.
[202] Es sei hier von arbeitsrechtlichen Fragen abstrahiert.

Im Hinblick auf die Eignung des Teilwertverfahrens aus Controllingsicht kann festgehalten werden, dass es aufgrund der wesentlich geringeren Anzahl an Verzerrungen dem Anwartschaftsbarwertverfahren vorzuziehen ist. Die Einordnung gegenüber dem Gegenwartswertverfahren gelingt nicht ganz so einfach. Besonders bei einem Auseinanderfallen von Diensteintritts- und Zusagezeitpunkt, bei nachträglichen Zusageerhöhungen sowie bei (teil-) dynamischen Zusagen offenbart das Teilwertverfahren Schwächen. Diese verstärken sich noch, wenn die steuerrechtliche Variante des Teilwertverfahrens betrachtet wird. Das Gegenwartswertverfahren ist gegenüber dem Teilwertverfahren damit als vorteilhaft anzusehen.

Es soll nun noch auf die Auswirkungen der verschiedenen Verfahren auf die Vermögens- und Finanzlage eingegangen werden. Aufgrund der vorrangigen Bedeutung der Erfolgslage für das Controlling werden diese Darstellungen kurz gehalten.

3.2.3 Vermögenslage

Zwar stellen Pensionsverpflichtungen nicht zuletzt aufgrund des enthaltenen Kreditverhältnisses Verbindlichkeiten dar, sie können sich aber trotzdem auf die Aktiva eines Unternehmens auswirken. Prinzipiell sind die sich aus Pensionsverpflichtungen ergebenden -rückstellungen stets durch Vermögen gedeckt. Interessant könnte aber sein, wenn einzelne Vermögenspositionen explizit zur Deckung der betrieblichen Altersversorgung genutzt, also „reserviert",[203] werden. Die Extremform dieser Reservierung stellt die gezielte Auslagerung von Teilen des Vermögens dar. Dies erlaubt IAS 19 im Rahmen der PUC. So kommt es bei mittelbaren Zusagen zu einer Auslagerung des Planvermögens[204] auf einen externen Träger, z.B. einen Pensionsfonds. Im Ergebnis führt dies zu einer Bilanzverkürzung und daher zu einer Verbesserung des Verschuldungsgrads und des Ratings.[205] Voraussetzung dafür ist allerdings, dass die Bildung des externen Planvermögens nicht nur durch neu aufgenommenes Fremdkapital, sondern vor allem

---

[203] Schwinger/Jasper (2004), S. 26.

[204] Eine Auslagerung der Pensionsverpflichtungen selbst ist nicht möglich. Vgl. Hayn/Grüne (2004), S. 17.

[205] Vgl. Knortz (2003), S. 2399 und Schwinger/Jasper (2004), S. 27.

durch Eigenkapital finanziert wird.[206] Andernfalls tritt der gewünschte Effekt eines verbesserten externen Ratings nicht ein.

Sofern der beizulegende Wert des Planvermögens den Verpflichtungsumfang übersteigt, ist vom Unternehmen ein Aktivposten zu bilanzieren. Dies ist auch zu tun, wenn das Planvermögen nicht ausgelagert wurde. IAS 19 beschränkt allerdings die Höhe des Aktivpostens (sog. „asset ceiling")[207], um die Bilanz nicht zu stark zu verzerren.

Aus Controllingsicht ist zunächst zu kritisieren, dass die Auslagerung von Planvermögen zu der genannten Bilanzverkürzung führt. In der Periode der Auslagerung kommt es nämlich zu einer Verzerrung bei auf den Gesamtkapitaleinsatz bezogenen einfachen Renditekennzahlen. Diese sind aber ein wichtiges Steuerungsinstrument. Auch wertorientierte Kennzahlen sind betroffen. Vor allem EVA wird verzerrt, da die Kapitaleinsatzgröße bei diesem Kennzahlenkonzept auf Buchwerten, im einfachsten Fall der Bilanzsumme, basiert. Problematisch ist auch, dass eine Überdeckung der Pensionsverpflichtung vorliegen kann, nur weil es zu außergewöhnlichen Schwankungen des Marktwerts oder einer fehlerhaften DCF-Bewertung des Planvermögens kommt. Daneben ist bei der Auslagerung des Planvermögens darauf zu achten, dass es eine zu den Pensionsverpflichtungen passende Struktur aufweist. So sollten Laufzeit und Zins des ausgelagerten Planvermögens entsprechend gestaltet sein. Andernfalls besteht vor allem bei Pensionsfonds die Gefahr, dass aus der Zusammensetzung des Planvermögens ein höheres Risiko resultiert, als bei unternehmensinterner Saldierung.[208] Schließlich kann aus der Perspektive des Controllings nicht ganz nachvollzogen werden, warum sich durch eine Auslagerung von Planvermögen auf einen externen Träger das Rating des Unternehmens verbessern soll. Letztlich ändert sich an der Deckungssituation der Pensionsverpflichtungen nichts. Entweder sind sie intern mit den Aktiva des Unternehmens oder extern mit Planvermögen unterlegt.[209] Durch die in IAS 19.102 vorgeschriebene Bewertung des Planvermögens zum beizule-

---

[206] Vgl. Kirsten/Schiffer (2006), S. 681 und Schwinger/Jasper (2004), S. 28.
[207] Vgl. hierzu ausführlich Planert (2006), S. 161 ff. und S. 173 f.
[208] Vgl. Kirsten/Schiffer (2006), S. 682 sowie kritisch Arbeitskreis „Finanzierung" der Schmalenbach-Gesellschaft für Betriebswirtschaft e.V. (1998), S. 328 f.
[209] Vgl. Kirsten/Schiffer (2006), S. 681 f.

genden Zeitwert besteht zumindest temporär die Gefahr, dass es bei einer Auslagerung zu einer schlechteren Deckungssituation kommt.

Da weder Handels- noch Steuerrecht in Deutschland den Begriff des Planvermögens kennen und keine Verrechnung mit der Pensionsverpflichtung vorsehen,[210]
sind diese Verzerrungen bei Anwendung des Gegenwartswert- oder Teilwertverfahrens ausgeschlossen. Insofern wirken sich diese beiden Verfahren auch nicht
auf die Vermögenslage des Unternehmens aus. Allerdings kann die aufgrund des
Stichtagsprinzips auftretende Unterbewertung der Verpflichtung eine Verschie-
bung grundlegender Bilanzrelationen bewirken.[211] Dies kann sich wiederum auf
Verschuldungsgrad und Rating auswirken.

3.2.4   Finanzlage

Pensionszusagen stellen im Zusammenhang mit der Entgeltumwandlung ein
Substitut für Barlohn dar. Sie führen also erst in späteren Perioden zu Auszahlungen, obwohl sie zu Aufwand in der Gegenwart führen.[212] Da alle drei versicherungsmathematischen Verteilungsverfahren lediglich den Aufwand periodisieren,
können sie sich eigentlich nicht auf die Finanzlage, vor allem den Brutto-Cash-
Flow, auswirken. Diese Aussage gilt aber nur auf der Ebene der reinen versicherungsmathematischen Verfahren. Wird ergänzend die Ebene der Rechnungslegungsstandards betrachtet, ergibt sich ein anderes Bild. Sofern IAS 19 und damit
die PUC zur Anwendung kommen, ist die o.g. Auslagerung von als Planvermögen
charakterisierten Vermögenswerten möglich. Diese Auslagerung kann u.U. zu
einer Finanzierungslücke führen.[213] Sofern die Schließung dieser Lücke die Finanzierungskosten des Unternehmens erhöht, besteht die Gefahr, dass der Unternehmenswert sinkt. Aufgrund der fehlenden Möglichkeit zur Auslagerung von
Planvermögen besteht dieses Risiko nach den handelsrechtlich bzw. steuerrechtlich zulässigen Verfahren nicht.

---

[210]   Vgl. Mühlberger/Schwinger (2006), S. 24.
[211]   Vgl. Lachnit/Müller (2004), S. 499.
[212]   Vgl. Arbeitskreis „Finanzierung" der Schmalenbach-Gesellschaft für Betriebswirtschaft e.V.
(1998), S. 326.
[213]   Vgl. Schwinger/Jasper (2004), S. 28.

Sofern keine Auslagerung des Planvermögens möglich oder gewollt ist, kommt es bei Eintritt der Pensionszahlungen zu einem Mittelabfluss und damit zu einem niedrigeren Brutto-Cash-Flow.[214] Mit der Auslagerung von Planvermögen auf einen externen Träger kann dieser zukünftige Mittelabfluss vermieden werden. Es kommt aber im Gegenzug zu einem Mittelabfluss bereits vor dem Eintritt des Versorgungsfalls. Dies liegt daran, dass es sich in diesem Fall um eine mittelbare Zusage handelt.[215] Je nachdem, welche der beiden Zahlungsreihen den größeren Barwert aufweist, ändert sich aus finanzieller Sicht die Vorteilhaftigkeit der Auslagerung. Wird auf den im Zusammenhang mit der Erfolgslage gebrauchten Begriff der Verzerrung zurückgegriffen, dann führt die Auslagerung von Planvermögen zu einer Verzerrung der Finanzlage, weil die Brutto-Cash-Flows aufgrund des Mittelabflusses sinken. Bei entsprechend gestalteten wertorientierten Kennzahlen[216] ergibt sich aus Controllingsicht das Problem, dass zusätzlich eine Verzerrung der Erfolgslage eintritt und damit die wertorientierte Steuerung erschwert wird. Denn das Management befindet sich in der Situation, eventuell zugunsten der einperiodischen wertorientierten Kennzahlen EEI und CVA auf langfristig wirksame Verbesserungen der Bilanzrelationen[217] verzichten zu wollen. Unter diesem Gesichtspunkt erscheint also die PUC nach IAS 19 nicht optimal, gerade weil sie die Auslagerung von Planvermögen optional zulässt.

Ein weiteres finanzwirtschaftliches Problem besteht darin, dass bei einer ungünstigen Entwicklung der Kapitalmärkte eine Unterdeckung des externen Planvermögens eintreten kann, die eine Sonderdotierung seitens des Unternehmens erforderlich macht.[218] Solche Sonderdotierungen stellen eine außerplanmäßige Belastung des Brutto-Cash-Flows dar und verzerren so die darauf aufbauenden wertorientierten Kennzahlen. Unter Steuerungsgesichtspunkten ist dies nicht optimal.

Im Zusammenhang mit den genannten Mittelabflüssen ergibt sich auch ein Problem hinsichtlich der Renditen von Investitionsprojekten. Die an das ausgelagerte Planvermögen fließenden Zahlungen erzielen dort eine bestimmte Rendite. Wenn

---

[214] Vgl. Jasper/Delvai (2003), S. 389.
[215] Vgl. Arbeitskreis „Finanzierung" der Schmalenbach-Gesellschaft für Betriebswirtschaft e.V. (1998), S. 324 und Küting/Strickmann (1997), S. 7.
[216] Sowohl EEI als auch CVA setzen den Brutto-Cash-Flow als Erfolgsgröße an.
[217] Solche Relationen bilden erste Anhaltspunkte für Unternehmensbewertungen und Aktienanalysen, vgl. Jasper/Delvai (2003), S. 393 und Mühlberger/Schwinger (2006), S. 172.
[218] Vgl. Jasper/Delvai (2003), S. 397.

diese Rendite aber niedriger ist als jene, die bei unternehmensinternen Investitionen erzielt werden könnte, dann ist die Auslagerung von Planvermögen nicht mehr vorteilhaft für das Unternehmen. Das externe Planvermögen müsste eigentlich alle internen Investitionsvorhaben und die teuerste Fremdfinanzierungsmöglichkeit hinsichtlich der Rendite übertreffen.[219] Aus der Perspektive des Investitionscontrollings besteht folglich das Problem, dass die Vorteilhaftigkeit interner Investitionen von externen Faktoren wie der erwarteten Rendite des ausgelagerten Planvermögens beeinflusst wird. Diese Faktoren entziehen sich aber dem Unternehmenseinfluss.

Zusammenfassend lässt sich sagen, dass die im Bereich der Finanzlage auftretenden Probleme durch die nach IAS 19 erlaubte Auslagerung von Planvermögen verursacht werden. Da diese Auslagerung und die damit einhergehende Saldierung weder nach Handels- noch nach Steuerrecht in Deutschland erlaubt ist, können die genannten Probleme beim Gegenwartswert- oder Teilwertverfahren nicht auftreten. Auf der Ebene der Rechnungslegungsstandards ist demnach aus Sicht des Controllings die PUC als nachteilig gegenüber den anderen Periodisierungskonzepten anzusehen.

3.2.5 Zwischenergebnis

Im vorhergehenden Teil der Arbeit wurde gezeigt, dass das Anwartschaftsbarwertverfahren bereits in seiner reinen versicherungsmathematischen Form zu einer Verzerrung der Periodenerfolge führt. Diesen Nachteil versuchen Gegenwartswert- und Teilwertverfahren durch eine Aufwandsgleichverteilung zu vermeiden, wobei dies beim Teilwertverfahren u.U. nicht erreicht wird. Das Gegenwartswertverfahren führt also zur geringsten Verzerrung der Erfolgslage. Dieses Ergebnis erhärtet sich noch bei Berücksichtigung der Rechnungslegungsvorschriften des HGB, EStG und IAS/IFRS. Es ist aber festzuhalten, dass auch das Gegenwartswertverfahren dem Management noch Spielraum bei der Periodisierung des Aufwands, z.B. über den Zusagezeitpunkt, lässt. Dies kann unter Steuerungsgesichtspunkten nicht optimal sein.

---

[219]   Vgl. Pellens/Fülbier/Sellhorn (2004), S. 138 und Schäfer/Wojtysiak (2002), S. 350.

Wenn es also aus Perspektive des Controllings eigentlich kein optimales existierendes Verfahren gibt, stellt sich die Frage, ob nicht eine Kombination einzelner Elemente der verschiedenen Verfahren einer optimalen Lösung zumindest näher käme. Dieses dann optimale Verfahren würde eine Synthese der bestehenden Verfahren darstellen. Ausgangspunkt für ein derartiges Verfahren wäre die Steuerungskompatibilität. Die Performance des Unternehmens müsste also verzerrungsfrei messbar sein, so dass die zeitliche Struktur der Periodenerfolge erhalten bleibt. Anders ausgedrückt, müssten alle Perioden gleichmäßig mit dem aus der Pensionszusage entstehenden Aufwand belastet werden. Da der Gesamtaufwand sich aber aus mindestens zwei Komponenten – Zinsaufwand und Dienstzeitaufwand – zusammensetzt, könnte dies schwierig zu erreichen sein. Denn der Zinsaufwand steigt bei allen dargestellten versicherungsmathematischen Verfahren im Zeitablauf an. Es müsste also allein auf den laufenden Dienstzeitaufwand abgestellt werden. Deshalb wird im folgenden der Zinsaufwand nicht betrachtet.

Aufgrund der genannten Nachteile scheidet das Anwartschaftsbarwertverfahren sowohl in seiner reinen Form als auch in der Form der nach IAS 19 vorgeschriebenen PUC aus. Sein einziger Vorteil ist in der vollen Ausfinanzierung des Verpflichtungsumfangs in jeder Periode zu sehen.[220] Als Verfahren, das dem Management bei der Periodisierung des laufenden Dienstzeitaufwands am wenigsten Gestaltungsfreiheit lässt, bietet sich dagegen das Teilwertverfahren an, da es eine Gleichverteilung über die gesamte Dienstzeit des Arbeitnehmers vorsieht.[221] Der in Kapitel 3.2.2.2 erwähnte Nachteil des Gegenwartswertverfahrens – Gestaltungsspielraum bei Erteilung einer neuen Zusage – wird damit vermieden.

Allerdings bliebe dann ein Nachteil des Teilwertverfahrens bestehen: Sofern die Zusage erst nach Diensteintritt erfolgt oder es zu einer nachträglichen Zusageerhöhung kommt, muss eine Einmalrückstellung gebildet werden. Die damit einhergehende Aufwandsverzerrung sollte aber vermieden werden. Hier bietet sich die Vorgehensweise des Gegenwartswertverfahrens an, bei der Zusageerhöhungen wie eigenständige Zusagen behandelt werden. Eine die Erfolgslage verzerrende Aufwandsnachholung würde damit vermieden. Für den Fall einer erst nach dem Diensteintritt erfolgenden Zusage wäre der eigentlich entstehende Aufwand der

---

[220] Vgl. Petersen (2002), S. 42 und Ahrend (1995), S. 9.
[221] Vgl. Molzahn (2006), S. 66.

Einmalrückstellung über den Zeitraum zwischen Zusage und Versorgungsfalleintritt zu verteilen. Damit ergäbe sich aber das gleiche Ergebnis wie beim Gegenwartswertverfahren. Es könnte also auch direkt auf die Methodik des Gegenwartswertverfahrens zurückgegriffen werden. Anders ausgedrückt, stellt das Gegenwartswertverfahren das aus Controllingsicht optimalste der drei untersuchten Verteilungsverfahren dar. Es erzeugt die geringste Verzerrung der Erfolgslage. Darüber hinaus bildet es den Charakter von Zusageerhöhungen wirtschaftlich richtig ab.[222] Somit ist aus Sicht des Controllings keine Synthese von einzelnen Komponenten der Verfahren nötig oder sinnvoll.

3.3   Weitere Problemfelder

Der Schwerpunkt der vorliegenden Arbeit liegt auf den Auswirkungen, die sich aus den Unterschieden der versicherungsmathematischen Periodisierungskonzepte hinsichtlich der wirtschaftlichen Lage eines Unternehmens ergeben. Aus diesem Grund wurden einige andere Aspekte, die sich im Zusammenhang mit Pensionszusagen ergeben können, ausgeblendet. Sie sollen aber der Vollständigkeit halber kurz im folgenden erläutert werden.

Wenn ein Unternehmen vor der Entscheidung zur Einführung einer betrieblichen Altersversorgung steht, dann muss es eine Wahl zwischen den in Kapitel 2.1.2 genannten Durchführungswegen treffen. Die Entscheidung für einen dieser Durchführungswege hängt aber nicht nur von der Frage ab, ob leistungsdefinierte oder beitragsdefinierte Pensionszusagen gegeben werden sollen. Vielmehr spielen hier neben arbeitsrechtlichen Vorschriften vor allem Steuerwirkungen eine große Rolle. Die steuerlich unterschiedliche Behandlung der einzelnen Durchführungswege beeinflusst die Entscheidung des Unternehmens maßgeblich.[223] Da sich die verschiedenen Durchführungswege unterschiedlich auf die wirtschaftliche Lage eines Unternehmens auswirken, hängt deren Darstellung also zumindest in einem gewissen Grad von steuerrechtlichen Vorschriften ab.

Sofern das Unternehmen über ein wertorientiertes Steuerungssystem verfügt, erlangt die regelmäßige Bestimmung des Unternehmenswerts eine große Bedeu-

---

[222]   Vgl. Petersen (2002), S. 43.
[223]   Vgl. zum Einfluss der Besteuerung z.B. die Arbeit von Wellisch (2004).

tung. In diesem Zusammenhang seien auch noch einmal wertorientierte Kennzahlen wie EVA, CVA oder EEI genannt. Je nachdem, ob es seitens des Arbeitnehmers zu einem Lohnverzicht kommt, ob Fremdkapital durch Pensionsrückstellungen verdrängt wird oder ein Wertpapierbestand aufgebaut wird, ergibt sich bei sonst gleichen Prämissen ein anderer Unternehmenswert.[224] Die unternehmensinterne Steuerung kann also bereits durch die Ausgestaltung einzelner Parameter des betrieblichen Altersversorgungswerks beeinflusst werden. Vor allem bei einer Neuausrichtung des Versorgungswerks kann es hier zu Schwierigkeiten kommen. Doch auch die reine Unternehmensbewertung wird durch Pensionszusagen beeinflusst. Je nach gewähltem Bewertungskalkül ergeben sich unterschiedliche Anforderungen an die Berücksichtigung von Pensionszusagen. Insbesondere die DCF-Verfahren erfordern umfangreiche Anpassungen.[225]

Hinsichtlich der Möglichkeit einer Finanzierung durch Pensionszusagen muss erwähnt werden, dass die Finanzierungswirkung insbesondere bei Direktzusagen von bestimmten Prämissen abhängt. Hier sind vor allem zwei Aspekte zu nennen: Zum einen erzielt das die Zusage abgebende Unternehmen nur dann einen Mittelzufluss, wenn aufgrund des Pensionsaufwands höhere Absatzpreise erzielt werden können.[226] Dies ist jedoch angesichts des international zunehmenden Wettbewerbs fraglich. Sofern ein Wachstum des Unternehmens als Kompensationsmöglichkeit[227] entfällt, kommt es zu keinem oder nur einem sehr geringen Mittelzufluss. Zweitens wird implizit von einem Gleichgewichtszustand zwischen aktiven und passiven Pensionsberechtigten im Unternehmen ausgegangen. Nur wenn beide Annahmen erfüllt sind, tritt die gewünschte Finanzierungswirkung ein. Problematisch kann es werden, wenn es zu einem „Überhang" an passiven (also bereits aus dem Unternehmen ausgeschiedenen) Pensionsempfängern kommt. Denn in diesem Fall steigen die gezahlten Pensionen an, während die Zuführungsbeträge konstant bleiben oder fallen. Die Finanzierungswirkung wird geringer oder negativ.[228]

---

[224] Vgl. Kruschwitz/Lodowicks (2004), S. 284.

[225] Zu diesem komplexen Thema sei hier auf die Arbeit von Kinski (2000) verwiesen.

[226] Vgl. Süchting (1995), S. 264.

[227] Vgl. Kirsten/Schiffer (2006), S. 680.

[228] Vgl. Arbeitskreis „Finanzierung" der Schmalenbachgesellschaft für Betriebswirtschaft e.V. (1998), S. 327.

Selbst wenn es zu dieser Minderung der Finanzierungswirkung nicht kommt, kann der Fall eintreten, dass eine im Vergleich zu Pensionszusagen vorteilhaftere Finanzierungsmöglichkeit besteht. Sofern von der Finanzierungswirkung von Direktzusagen gesprochen wird, wird also implizit eine Vorteilhaftigkeit gegenüber anderen Finanzierungsquellen unterstellt. Diese muss aber nicht automatisch gegeben sein.[229] Insoweit stellt dies also eine dritte Prämisse hinsichtlich der Finanzierungswirkung dar.

Ein Problem von Pensionszusagen könnte auch in der Art und Weise gesehen werden, wie sie von Rating-Agenturen bei der Erstellung von Ratings berücksichtigt werden. Die Erstellung eines Ratings basiert in der Regel auf einfachen Bilanzkennzahlen, die z.B. die Kapitalstruktur darstellen sollen. Pensionszusagen, gerade in der mit Pensionsrückstellungen verbundenen Form der Direktzusage, gehen in diese Kennzahlen meist pauschal als Fremdkapital ein. Eine pauschale Zuordnung zum Fremdkapital verkennt aber die bei Pensionsrückstellungen auftretenden Besonderheiten und wird daher ihrem Charakter nicht gerecht.[230] Um dies zu vermeiden und einzelne Unternehmensabschlüsse überhaupt erst vergleichbar zu machen, nehmen Rating-Agenturen Anpassungen der Bilanzen[231] vor.

Auch bei Pensionsrückstellungen wird so verfahren. Da sich aber Pensionsrückstellungen nicht pauschal als Fremdkapital kategorisieren lassen, müssen die Agenturen hier Annahmen setzen. Jede Agentur folgt dabei einer eigenen Vorgehensweise.[232] Das Problem besteht nun darin, dass allein die von den Rating-Agenturen genutzten Anpassungsverfahren das Rating eines Unternehmens und damit seinen Zugang zum Kapitalmarkt beeinflussen. Die Entscheidung des Unternehmens für Direkt- oder mittelbare Zusagen wird also letztlich nicht im Unternehmen selbst, sondern in der mit dem Rating betrauten Agentur getroffen. Dies kann aus Sicht des unternehmensinternen Finanzmanagements nicht überzeugen.

---

[229] Vgl. Dirrigl (1997), S. 75.
[230] Vgl. Meier/Recktenwald (2006), S. 710.
[231] Vgl. Heubeck/Seeger (2004), S. 995 und das dortige Beispiel.
[232] Vgl. Pellens/Crasselt (2005), S. 5.

Ein weiteres und speziell für das Controlling kaum lösbares Problem besteht in der Festlegung bestimmter Periodisierungsverfahren durch Rechnungslegungsvorschriften. Sowohl IAS 19 als auch das deutsche Steuerrecht schreiben explizit bestimmte Verfahren vor. Im Handelsrecht wird das Gegenwartswertverfahren als unzulässig angesehen.[233] Unternehmen werden also die Entscheidung für ein bestimmtes Verfahren von den für sie relevanten Rechnungslegungsstandards abhängig machen und nicht von objektiven Kriterien wie z.B. einer besonderen „Verträglichkeit" mit Controllingzwecken.

Unter Vernachlässigung des dann auftretenden Verwaltungsaufwands könnte hier lediglich die Verwendung von zwei unterschiedlichen Verfahren eine Lösung darstellen. Eines wäre durch die jeweils anzuwendenden Vorschriften der externen Rechnungslegung festgelegt und käme im Jahresabschluss zur Anwendung, das andere, aus Controllingsicht optimale Verfahren, würde nur unternehmensintern für Steuerungszwecke genutzt. Wie gezeigt wurde, käme für diesen internen Zweck das Gegenwartswertverfahren in Frage. Allerdings bliebe der Nachteil bestehen, dass im veröffentlichten Jahresabschluss die Erfolgslage verzerrt dargestellt würde, während gleichzeitig das Management seine Entscheidungen unter Berücksichtigung des intern genutzten Verfahrens träfe. Nötig wäre in diesem Fall daher eine zusätzliche Kommunikation hinsichtlich des zur Steuerung verwendeten Periodisierungsverfahrens an die Eigentümer des Unternehmens.

---

[233] Vgl. Molzahn (2006), S. 68.

4.   Erläuterndes Beispiel

In diesem Kapitel sollen die gewonnenen Erkenntnisse an einem Beispiel verdeutlicht werden. Um die Komplexität auf das nötige Maß zu beschränken, sind einige Vereinfachungen zu treffen. So soll von versicherungsmathematischen Annahmen zu Lebenserwartung oder Gehaltstrends und von laufenden Pensionszahlungen abstrahiert werden. Auch die nach § 16 BetrAVG vorgesehenen Anpassungen der Rente an die allgemeine Preisentwicklung sollen hier ausgeblendet werden. Es wird angenommen, dass alle Zahlungen am Ende der jeweiligen Periode anfallen. Ein Planvermögen soll nicht existieren. Ferner wird nur die Erfolgslage in Form von Periodenerfolgen, nicht aber die Vermögens- und die Finanzlage oder wertorientierte Kennzahlen betrachtet.

Ausgangspunkt des Beispiels sei ein 55-jähriger Arbeitnehmer, der ab Erreichen der Altersgrenze von 65 Jahren für einen Zeitraum von fünf Jahren eine jährliche Pensionszahlung von 1000 GE erhalten soll. Der Arbeitnehmer sei gerade erst in das Unternehmen eingetreten. Die nach IAS 19 anzuwendende Planformel sei so ausgestaltet, dass den zehn Jahren der gesamten Dienstzeit jeweils zehn Prozent des Leistungsbarwerts zugeordnet werden. Am Ende der zweiten Dienstzeitperiode soll es zu einer Erhöhung der zugesagten Pension um 200 GE kommen. Diese Zusageerhöhung soll nach einem Jahr, also am Ende von Periode drei, unverfallbar werden. Der Rechnungszins betrage zunächst für alle Verfahren sechs Prozent p.a. In Periode sechs komme es dann zu einer Zinssatzänderung bei den nach IAS 19.78 relevanten Industrieanleihen. Der neue Zins betrage ab dann acht Prozent p.a. Teilwert- und Gegenwartswertverfahren sollen diese Änderung des Zinses nicht berücksichtigen. Die durchschnittliche Restdienstzeit der Belegschaft betrage zehn Jahre. Ohne Berücksichtigung der betrieblichen Altersversorgung erwirtschafte das Unternehmen einen konstanten Periodenerfolg von 5000 GE. Um die auftretenden Verzerrungen besser ersichtlich zu machen, soll der Zinsaufwand nicht in die Periodenerfolge nach betrieblicher Altersversorgung eingehen. Der Erfolg nach betrieblicher Altersversorgung ergibt sich also als um den Dienstzeitaufwand verminderten Periodenerfolg. Das Unternehmen wende im Rahmen von IAS 19 den Korridoransatz an.

Der Aufbau des Beispiels erfolgt schrittweise: Zuerst wird die Veränderung der Periodenerfolge für jedes der drei versicherungsmathematischen Verfahren dargestellt. Im zweiten Schritt werden dann die Auswirkungen der o.g. Effekte (Zusageerhöhung, Zinssatzänderung) für jedes einzelne Verfahren gezeigt. Die Zusageerhöhung soll hier als Effekt I, die Zinssatzänderung als Effekt II bezeichnet werden.

Es soll zunächst das Anwartschaftsbarwertverfahren betrachtet werden. Werden Zusageerhöhung und Zinssatzänderung zunächst ausgeblendet, so ergibt sich anhand der Daten des Beispiels folgende Aufwandsentwicklung:

Periode t	0	1	2	3	4	5	6	7	8	9	10
Leistungsbarwert LBW											4.212,36
Faktor a		0,10	0,10	0,10	0,10	0,10	0,10	0,10	0,10	0,10	0,10
erdienter Anteil EA		421,24	421,24	421,24	421,24	421,24	421,24	421,24	421,24	421,24	421,24
Verpflichtungswert DBO		249,33	528,58	840,44	1.187,82	1.573,86	2.001,95	2.475,75	2.999,19	3.576,54	4.212,36
Zinsaufwand Z		0,00	14,96	31,71	50,43	71,27	94,43	120,12	148,54	179,95	214,59
Gesamtaufwand ZF		249,33	279,25	311,86	347,38	386,04	428,09	473,80	523,44	577,34	635,83
Dienstzeitaufwand		249,33	264,29	280,15	296,96	314,77	333,66	353,68	374,90	397,39	421,24
Erfolg ohne bAV		5.000,00	5.000,00	5.000,00	5.000,00	5.000,00	5.000,00	5.000,00	5.000,00	5.000,00	5.000,00
Erfolg nach bAV		4.750,67	4.735,71	4.719,85	4.703,04	4.685,23	4.666,34	4.646,32	4.625,10	4.602,61	4.578,76

Darst. 4: Anwartschaftsbarwertverfahren bei 6% p.a. (ohne Effekte)
(Quelle: eigene Darstellung)

Wie aus Darstellung 4 zu erkennen ist, führt die Periodisierung anhand des Anwartschaftsbarwertverfahrens zu fallenden Periodenerfolgen, obwohl die operative Leistung des Unternehmens unverändert bleibt. Dies führt zu den schon erwähnten Problemen hinsichtlich der Steuerung. Im Vergleich hierzu stellt sich beim Gegenwartswertverfahren eine andere Situation ein. Die folgende Darstellung zeigt dies:

Periode t	0	1	2	3	4	5	6	7	8	9	10
Leistungsbarwert LBW											4.212,36
Verpflichtungswert DBO		319,58	658,34	1.017,43	1.398,05	1.801,52	2.229,20	2.682,53	3.163,07	3.672,43	4.212,36
Zinsaufwand Z		0,00	19,18	39,50	61,05	83,88	108,09	133,75	160,95	189,78	220,35
Gesamtaufwand ZF		319,58	338,76	359,08	380,63	403,47	427,67	453,34	480,54	509,37	539,93
Annuität/Dienstzeitaufwand A		319,58	319,58	319,58	319,58	319,58	319,58	319,58	319,58	319,58	319,58
Erfolg ohne bAV		5.000,00	5.000,00	5.000,00	5.000,00	5.000,00	5.000,00	5.000,00	5.000,00	5.000,00	5.000,00
Erfolg nach bAV		4.680,42	4.680,42	4.680,42	4.680,42	4.680,42	4.680,42	4.680,42	4.680,42	4.680,42	4.680,42

Darst. 5: Gegenwartswertverfahren bei 6% p.a. (ohne Effekte)
(Quelle: eigene Darstellung)

Bei Fokussierung auf den laufenden Dienstzeitaufwand ergibt sich zwar durch die betriebliche Altersversorgung eine andere Höhe der Periodenerfolge, die zeitliche Erfolgsstruktur bleibt aber erhalten. Lediglich der Einbezug des Zinsaufwands würde hier zu einer Verzerrung der Erfolge führen. Ähnliches ergibt sich bei der

Betrachtung des Teilwertverfahrens. Da es wie das Gegenwartswertverfahren eine Gleichverteilung vornimmt, bleibt eine Verzerrung der Struktur der Periodenerfolge aus. Dies zeigt Darstellung 6:

Periode t	0	1	2	3	4	5	6	7	8	9	10
Leistungsbarwert LBW											4.212,36
Verpflichtungswert DBO		319,58	658,34	1.017,43	1.398,05	1.801,52	2.229,20	2.682,53	3.163,07	3.672,43	4.212,36
Zinsaufwand Z		0,00	19,18	39,50	61,05	83,88	108,09	133,75	160,95	189,78	220,35
Gesamtaufwand ZF		319,58	338,76	359,08	380,63	403,47	427,67	453,34	480,54	509,37	539,93
Annuität/Dienstzeitaufwand A		319,58	319,58	319,58	319,58	319,58	319,58	319,58	319,58	319,58	319,58
Erfolg ohne bAV		5.000,00	5.000,00	5.000,00	5.000,00	5.000,00	5.000,00	5.000,00	5.000,00	5.000,00	5.000,00
Erfolg nach bAV		4.680,42	4.680,42	4.680,42	4.680,42	4.680,42	4.680,42	4.680,42	4.680,42	4.680,42	4.680,42

Darst. 6: Teilwertverfahren bei 6% p.a. (ohne Effekte)
(Quelle: eigene Darstellung)

Die bisherigen Ausführungen erfolgten ohne Berücksichtigung der o.g. Effekte. Eine Erweiterung des Beispiels um diese Effekte kann nur unter Beachtung der Vorschriften von IAS 19, HGB und EStG erfolgen. Zunächst soll nur die in Periode zwei durchgeführte Zusageerhöhung in das Beispiel einfließen. Für das Anwartschaftsbarwertverfahren ergeben sich damit die folgenden Werte:

Periode t	0	1	2	3	4	5	6	7	8	9	10
Leistungsbarwert LBW											5.054,84
Faktor a		0,10	0,10	0,10	0,10	0,10	0,10	0,10	0,10	0,10	0,10
erdienter Anteil EA		421,24	421,24	505,48	505,48	505,48	505,48	505,48	505,48	505,48	505,48
Verpflichtungswert DBO		249,33	634,29	1.008,53	1.425,38	1.888,63	2.402,34	2.970,90	3.599,03	4.291,84	5.054,84
Zinsaufwand Z		0,00	14,96	38,06	60,51	85,52	113,32	144,14	178,25	215,94	257,51
Gesamtaufwand ZF		249,33	384,96	374,23	416,86	463,25	513,71	568,55	628,13	692,81	762,99
Dienstzeitaufwand vorläufig		249,33	370,00	336,18	356,35	377,73	400,39	424,41	449,88	476,87	505,48
Differenz wegen Erhöhung			105,72								
nachzuv.Dienstzeitaufwand			52,86	52,86							
Dienstzeitaufwand korrigiert		249,33	422,86	389,03	356,35	377,73	400,39	424,41	449,88	476,87	505,48
Erfolg ohne bAV		5.000,00	5.000,00	5.000,00	5.000,00	5.000,00	5.000,00	5.000,00	5.000,00	5.000,00	5.000,00
Erfolg nach bAV		4.750,67	4.577,14	4.610,97	4.643,65	4.622,27	4.599,61	4.575,59	4.550,12	4.523,13	4.494,52

Darst. 7: Anwartschaftsbarwertverfahren bei 6% p.a. (mit Effekt I)
(Quelle: eigene Darstellung)

Die nachträgliche Erhöhung der Zusage bewirkt ein Ansteigen des Leistungsbarwerts und damit einen höheren Dienstzeitaufwand in allen Perioden nach der Zusage. Die in Darstellung 4 gezeigte Verzerrung bleibt hier also bestehen. Sie wird aber durch die Verteilung des nachzuverrechnenden Dienstzeitaufwands verstärkt, weil diese ein „Einknicken" der Periodenerfolge in den ihr zugrunde gelegten Perioden bewirkt. Relevant ist hier die Gestaltung der Regeln zur Unverfallbarkeit der zugesagten Leistungen.

Auch beim Gegenwartswertverfahren tritt bei einer nachträglichen Erhöhung der Zusage eine Verzerrung auf, wie Darstellung 8 zeigt. Sie fällt allerdings nicht so drastisch aus wie beim Anwartschaftsbarwertverfahren.

Periode t	0	1	2	3	4	5	6	7	8	9	10
Leistungsbarwert LBW											5.054,84
Verpflichtungswert DBO		319,58	658,34	1.102,55	1.573,40	2.072,51	2.601,56	3.162,36	3.756,81	4.386,92	5.054,84
Zinsaufwand Z		0,00	19,18	39,50	66,15	94,40	124,35	156,09	189,74	225,41	263,22
Gesamtaufwand ZF		319,58	338,76	444,20	470,86	499,11	529,05	560,80	594,45	630,11	667,92
Annuität/Dienstzeitaufwand A		319,58	319,58	404,70	404,70	404,70	404,70	404,70	404,70	404,70	404,70
Erfolg ohne bAV		5.000,00	5.000,00	5.000,00	5.000,00	5.000,00	5.000,00	5.000,00	5.000,00	5.000,00	5.000,00
Erfolg nach bAV		4.680,42	4.680,42	4.595,30	4.595,30	4.595,30	4.595,30	4.595,30	4.595,30	4.595,30	4.595,30

Darst. 8: Gegenwartswertverfahren bei 6% p.a. (mit Effekt I)
(Quelle: eigene Darstellung)

Das Gegenwartswertverfahren bietet ihm gegenüber den Vorteil, keine Regelungen zur Unverfallbarkeit der zugesagten Leistungen berücksichtigen zu müssen. Das Teilwertverfahren dagegen bewirkt eine stärkere Verzerrung der Erfolgslage, da hier frühere Perioden mit Aufwand belastet werden. Dies zeigt sich in der zu buchenden Einmalrückstellung:

Periode t	0	1	2	3	4	5	6	7	8	9	10
Leistungsbarwert LBW											5.054,84
Verpflichtungswert DBO		319,58	658,34	1.220,91	1.677,67	2.161,83	2.675,04	3.219,04	3.795,68	4.406,92	5.054,84
Zinsaufwand Z		0,00	19,18	39,50	73,25	100,66	129,71	160,50	193,14	227,74	264,42
Gesamtaufwand ZF		319,58	338,76	562,57	456,75	484,16	513,21	544,00	576,64	611,24	647,92
Annuität/Dienstzeitaufwand A		319,58	319,58	383,50	383,50	383,50	383,50	383,50	383,50	383,50	383,50
Einmalrückstellung SZF			131,67								
Erfolg ohne bAV		5.000,00	5.000,00	5.000,00	5.000,00	5.000,00	5.000,00	5.000,00	5.000,00	5.000,00	5.000,00
Erfolg nach bAV		4.680,42	4.548,75	4.616,50	4.616,50	4.616,50	4.616,50	4.616,50	4.616,50	4.616,50	4.616,50

Darst. 9: Teilwertverfahren bei 6% p.a. (mit Effekt I)
(Quelle: eigene Darstellung)

Diese Einmalrückstellung führt zu einer zusätzlichen Verzerrung der Erfolgslage neben jener, die durch die Anpassung der Annuität hervorgerufen wird.

Zuletzt soll nun noch die Änderung des Zinssatzes im Beispiel berücksichtigt werden. Wenn unterstellt wird, dass das Teilwertverfahren in seiner steuerrechtlichen Version vorliegt, dann ergibt sich hier aufgrund des im EStG auf sechs Prozent p.a. festgelegten Zinssatzes keine Änderung gegenüber Darstellung 9. Wird weiterhin angenommen, dass die Zinssatzänderung nach dem Gegenwartswertverfahren nicht relevant ist, dann ergibt sich auch dort keine Änderung. Die Ergebnisse in Darstellung 8 behalten ihre Gültigkeit. Anders ist es jedoch beim Anwartschaftsbarwertverfahren in Form der PUC. Nach IAS 19 sind Zinssatzänderungen zu berücksichtigen. Wie sich dies bei Rückgriff auf die Daten des Beispiels auf die Erfolgslage auswirkt, zeigt Darstellung 10:

Periode t	0	1	2	3	4	5	6	7	8	9	10
Leistungsbarwert LBW											4.791,25
Faktor a		0,10	0,10	0,10	0,10	0,10	0,10	0,10	0,10	0,10	0,10
erdienter Anteil EA		421,24	421,24	505,48	505,48	505,48	479,13	479,13	479,13	479,13	479,13
Verpflichtungswert DBO		249,33	634,29	1.008,53	1.425,38	1.888,63	2.113,03	2.662,42	3.286,18	3.992,71	4.791,25
Zinsaufwand Z		0,00	14,96	38,06	60,51	85,52	113,32	169,04	212,99	262,89	319,42
Gesamtaufwand ZF		249,33	384,96	374,23	416,86	463,25	224,39	549,39	623,77	706,53	798,54
Dienstzeitaufwand vorläufig		249,33	370,00	336,18	356,35	377,73	111,08	380,35	410,77	443,63	479,13
Differenz wegen Erhöhung			105,72								
nachzuv.Dienstzeitaufwand			52,86	52,86							
versicherungsmath. Gewinn							289,31				
10% der DBO							188,86				
überschießender Betrag							100,45				
Amortisation								10,05	10,05	10,05	10,05
Dienstzeitaufwand korrigiert		249,33	422,86	389,03	356,35	377,73	111,08	370,30	400,73	433,59	469,08
Erfolg ohne bAV		5.000,00	5.000,00	5.000,00	5.000,00	5.000,00	5.000,00	5.000,00	5.000,00	5.000,00	5.000,00
Erfolg nach bAV		4.750,67	4.577,14	4.610,97	4.643,65	4.622,27	4.888,92	4.629,70	4.599,27	4.566,41	4.530,92

Darst. 10: Anwartschaftsbarwertverfahren bei 8% p.a. (mit Effekten I und II)
(Quelle: eigene Darstellung)

Die Zinssatzänderung kompensiert einen Teil der Zusageerhöhung, wie der Leistungsbarwert zeigt. Durch die Erhöhung des Zinssatzes kommt es zu einem versicherungsmathematischen Gewinn in der sechsten Periode. Da dieser Gewinn nach dem in IAS 19.92 ff. geregelten Korridoransatz über die durchschnittliche Restdienstzeit der Mitarbeiter zu verteilen ist, wirken sich entsprechende Annahmen direkt auf die Erfolgslage aus. Wie aus Darstellung 10 zu erkennen ist, entwickeln sich die Erfolge vor und nach betrieblicher Altersversorgung völlig unterschiedlich. Ein Zusammenhang ist praktisch nicht mehr erkennbar. Dieser Eindruck dürfte sich noch verschärfen, wenn mehrere Arbeitnehmer betrachtet werden oder wenn es zu häufigen Änderungen bei den versicherungsmathematischen Parametern wie dem Zinssatz kommt.

Dieses einfache Beispiel zeigt, dass insbesondere die nach IAS 19 vorgeschriebene PUC erhebliche Verzerrungen der Erfolgslage bewirken kann. Beim Teilwert- und vor allem beim Gegenwartswertverfahren fallen die Verzerrungen dagegen erheblich geringer aus.

5. Zusammenfassung

In der vorliegenden Arbeit wurde der Frage nachgegangen, welches im Rahmen der betrieblichen Altersversorgung anzuwendende versicherungsmathematische Periodisierungskonzept am ehesten den Anforderungen des Controllings gerecht wird. Dazu wurde zuerst auf Pensionszusagen und den Begriff der wirtschaftlichen Lage eingegangen. Dann wurden die verschiedenen Verfahren unter Berücksichtigung der Rechnungslegungsvorschriften des HGB, IAS/IFRS und EStG vorgestellt. Für den sich daran anschließenden Vergleich wurde die Erfolgslage als aus Controllingsicht bedeutsamster Teilbereich der wirtschaftlichen Lage identifiziert. Begründet wurde dies mit einer der Hauptaufgaben des Controllings: der ergebnisorientierten Steuerung. Auch bei Einsatz wertorientierter Steuerungssysteme spielt die Erfolgslage für das Controlling die zentrale Rolle.

Der Vergleich ergab, dass sowohl das Teilwertverfahren als auch das Anwartschaftsbarwertverfahren aus der Controllingperspektive als nachteilig angesehen werden müssen. Sie führen unter Steuerungsgesichtspunkten zu einer im Vergleich mit dem Gegenwartswertverfahren zu starken Verzerrung der Erfolgslage. Dieses Ergebnis ist insoweit interessant, als dass die IAS/IFRS zwar zunehmend dem „Management Approach" folgen, IAS 19 aber explizit das Anwartschaftsbarwertverfahren zur Bewertung von leistungsdefinierten Pensionszusagen vorschreibt. Es wird also vom „Management Approach" abgewichen. Bei konsequenter Anwendung des „Management Approach" innerhalb der IAS/IFRS müsste dagegen das aus Controllingsicht optimale Gegenwartswertverfahren zum Einsatz kommen.

Diese im Rahmen von IAS 19 praktizierte Abkehr vom „Management Approach" bedeutet für die Eigentümer einen Nachteil, denn sie können unter Umständen einzelne Entscheidungen des Managements nicht nachvollziehen. Es wurde dargestellt, dass die Beseitigung dieses Nachteils in der parallelen Nutzung von zwei Periodisierungsverfahren liegen kann. Eines würde für Rechnungslegungszwecke, eines für die interne Steuerung genutzt. Die Ergebnisse des Vergleichs wurden abschließend an einem Beispiel erläutert.

Literaturverzeichnis

Ahrend, Peter (1995): Bewertung von Versorgungsverpflichtungen im internationalen Vergleich – Rechnungslegungsvorschriften als Standortnachteil für die betriebliche Altersversorgung?, in: Förschle, Gerhart/Kaiser, Klaus/ Moxter, Adolf: Rechenschaftslegung im Wandel: Festschrift für Wolfgang Dieter Budde, München 1995, S. 1-17.

Arbeitskreis „Finanzierung" der Schmalenbach-Gesellschaft für Betriebswirtschaft e.V. (1998): Betriebliche Altersversorgung mit Pensionsrückstellungen oder Pensionsfonds – Analyse unter finanzwirtschaftlichen Gesichtspunkten, in: Der Betrieb 1998, S. 321-331.

Baldenius, Tim/Fuhrmann, Gregor/Reichelstein, Stefan (1999): Zurück zu EVA, in: Betriebswirtschaftliche Forschung und Praxis 1999, S. 53-65.

Ballwieser, Wolfgang/Hettich, Silvia (2004): Das IASB-Projekt „Reporting Comprehensive Income": Bedeutung für das Controlling, in: Controlling & Management 2004, Sonderheft 2, S. 79-87.

Baum, Heinz-Georg/Coenenberg, Adolf G./Günther, Thomas (2004): Strategisches Controlling, 3. Aufl., Stuttgart 2004.

Berens, Wolfgang/Bertelsmann, René (2002): Controlling, in: Küpper, Hans-Ulrich/Wagenhofer, Alfred (Hrsg.): Handwörterbuch Unternehmensrechnung und Controlling, Stuttgart 2002, Sp. 280-298.

Busse von Colbe, Walther/Brotte, Jörg (1998): Bild der Vermögens-, Finanz- und Ertragslage, in: Busse von Colbe, Walther/Pellens, Bernhard (Hrsg.): Lexikon des Rechnungswesens: Handbuch der Bilanzierung und Prüfung, der Erlös-, Finanz-, Investitions- und Kostenrechnung, 4. Aufl., München u.a. 1998, S. 135-139.

Busse von Colbe, Walther/Laßmann, Gert (1990): Betriebswirtschaftstheorie Bd. 3: Investitionstheorie, 3. Aufl., Berlin 1990.

Coenenberg, Adolf G. (1986): Ertragslage, in: Leffson, Ulrich/Rückle, Dieter/Großfeld, Bernhard (Hrsg.): Handwörterbuch unbestimmter Rechtsbegriffe im Bilanzrecht des HGB, Köln 1986, S. 155-163.

Coenenberg, Adolf G. (2003), Kostenrechnung und Kostenanalyse, 5. Aufl., Stuttgart 2003.

Coenenberg, Adolf G. (2005): Jahresabschluss und Jahresabschlussanalyse, 20. Aufl., Stuttgart 2005.

Crasselt, Nils/Pellens, Bernhard/Schremper, Ralf (2000): Konvergenz wertorientierter Kennzahlen, in: Das Wirtschaftsstudium 2000, S. 72-78 (Teil 1) und S. 205-208 (Teil 2).

Dirrigl, Hans (1997): Die Kosten von Direktzusagen auf betriebliche Altersversorgung unter Berücksichtigung der Lohn- und Steuerfinanzierung, in: Wagner, Franz W. (Hrsg.): Steuerberatung im Spannungsfeld von Betriebswirtschaft und Recht – Festschrift zum 75. Geburtstag von Prof. Dr. Heinz Stehle, Stuttgart u.a. 1997, S. 53-79.

Dirrigl, Hans (1998a): Konzern-Controlling, in: Busse von Colbe, Walther/ Pellens, Bernhard (Hrsg.): Lexikon des Rechnungswesens: Handbuch der Bilanzierung und Prüfung, der Erlös-, Finanz-, Investitions- und Kostenrechnung, 4. Aufl., München u.a. 1998, S. 433-435.

Dirrigl, Hans (1998b): Wertorientierung und Konvergenz in der Unternehmensrechnung, in: Betriebswirtschaftliche Forschung und Praxis 1998, S. 540-579.

Drukarczyk, Jochen (2003): Unternehmensbewertung, 4. Aufl., München 2003.

Drukarczyk, Jochen/Ebinger, Gerhard/Schüler, Andreas (2005): Zur Vorteilhaftigkeit entgeltsubstituierender Direktzusagen aus Arbeitnehmer und Anteilseignersicht, in: Zeitschrift für Bankrecht und Bankwirtschaft, 17. Jg. (2005) Heft 4, S. 237-254.

Everling, Oliver/Heinke, Volker G. (2001): externes Rating, in: Gerke, Wolfgang/Steiner, Manfred (Hrsg.): Handwörterbuch des Bank- und Finanzwesens, Stuttgart 2001, Sp.1755-1767.

Ewert, Ralf/Wagenhofer, Alfred (2000): Rechnungslegung und Kennzahlen für das wertorientierte Management, in: Wagenhofer, Alfred/Hrebicek, Gerhard (Hrsg.): Wertorientiertes Management: Konzepte und Umsetzungen zur Unternehmenswertsteigerung, Stuttgart 2000, S. 3-64.

Feld, Klaus Peter (2003): Die Bilanzierung von Pensionsrückstellungen nach HGB und IAS – Überblick über die wesentlichen Regelungen und Unterschiede unter Berücksichtigung von Abweichungen zwischen IAS und US-GAAP, in: Die Wirtschaftsprüfung 2003, S. 573-586 (Teil 1) sowie S. 638-648 (Teil 2).

Fülbier, Rolf Uwe/Sellhorn, Thorsten (2004): Pensionsverpflichtungen nach IAS 19 – eine beispielorientierte Darstellung, in: Steuern und Bilanzen 2004, S. 385-394.

Gleich, Ronald/Kieninger, Michael/Kämmler, Andrea (2005): Auswirkung der Fair Value-Bewertung nach IAS/IFRS auf das Performance Measurement, in: Bieg, Hartmut/Heyd, Reinhard (Hrsg.): Fair Value – Bewertung in Rechnungswesen, Controlling und Finanzwirtschaft, München 2005, S. 649-676.

Gohdes, Alfred E./Meier, Karin (2003): Pensionsverpflichtungen im Unternehmensrating: Fremdkapital besonderer Art, in: Betriebs-Berater 2003, S. 1375-1380.

Hayn, Sven/Grüne, Michael (2004): Fondskonzepte und Off-Balance-Sheet Finanzierung, in: Controlling & Management 2004, Sonderheft 2, S. 12-21.

Henselmann, Klaus (2001): Economic Value Added – Königsweg zur Integration des Rechnungswesens?, in: Zeitschrift für Planung 2001, S. 159-186.

Henselmann, Klaus/Kniest, Wolfgang (2002): Unternehmensbewertung: Praxisfälle mit Lösungen, 3. Aufl., Herne u.a. 2002.

Heubeck, Klaus (1986): Betriebliche Versorgungspflichten nach dem neuen Bilanzrecht, in: Die Wirtschaftsprüfung 1986, S. 317-328 (Teil 1) und S. 356-364 (Teil 2).

Heubeck, Klaus/Seeger, Norbert (2004): „Ungedeckte" Pensionsverpflichtungen im Rating von Unternehmen – Wird die Rückstellungsfinanzierung deutscher Unternehmen im S&P-Rating systematisch benachteiligt?, in: Der Betrieb 2004, S. 993-998.

Isenbart, Fritz/Münzner, Hans (1987): Lebensversicherungsmathematik für Praxis und Studium, 2. Aufl., Wiesbaden 1987.

Jasper, Thomas/Delvai, Karen (2003): Kapitalmarktorientierte Bewertung – Einfluss des „Pension Accounting", in: Finanzbetrieb 2003, S. 387-397.

Jasper, Thomas/Delvai, Karen (2005): Betriebliche Altersversorgung im Fokus des Kapitalmarkts – Pensionsverpflichtungen in den Jahresabschlüssen der DAX-30-Unternehmen – Update 2005, in: Finanzbetrieb 2005, S. 506-512.

Joos-Sachse, Thomas (2001): Controlling, Kostenrechnung und Kostenmanagement: Grundlagen – Instrumente – neue Ansätze, Wiesbaden 2001.

Kahle, Holger (2003): Unternehmenssteuerung auf Basis internationaler Rechnungslegungsstandards?, in: Schmalenbachs Zeitschrift für betriebswirtschaftliche Forschung 2003, S. 773-789.

Kinski, Uwe (2001): Unternehmensbewertung und Pensionszusagen: Möglichkeiten des Einbezugs von Pensionszusagen in Bewertungskalküle unter Berücksichtigung von Steuer- und Kollektiveffekten, Frankfurt a.M. u.a. 2001, zugl.: Bochum, Univ., Diss., 2000.

Kirsten, A. Stefan/Schiffer, Johannes (2006): Pensionen als Herausforderung für Unternehmen, in: Schmalenbachs Zeitschrift für betriebswirtschaftliche Forschung 2006, S. 675-689.

Kley, Karl-Ludwig (2006): IFRS – Möglichkeiten und Grenzen ihrer Abbildung im Controlling, in: Controlling & Management 2006, S. 150-157.

Knortz, Günther (2003): Auslagerung von Pensionsverpflichtungen aus der Bilanz, in: Der Betrieb 2003, S. 2399-2401.

Kruschwitz, Lutz/Lodowicks, Arnd (2004): Bewertung von Pensionszusagen, in: Finanzbetrieb 2004, S. 272-284.

Küting, Karlheinz (2006): Auf der Suche nach dem richtigen Gewinn – Die Gewinnkonzeption von HGB und IFRS im Vergleich, in: Der Betrieb 2006, S. 1441-1450.

Küting, Karlheinz/Keßler, Marco (2006): Pensionsrückstellungen nach HGB und IFRS: Die Bilanzierung versicherungsmathematischer Gewinne und Verluste, in: Zeitschrift für internationale und kapitalmarktorientierte Rechnungslegung 2006, S. 192-206.

Küting, Karlheinz/Strickmann, Michael (1997): Die betriebliche Altersversorgung im Spannungsfeld von Bilanzpolitik und Bilanzanalyse – eine praxisorientierte Bestandsaufnahme, in: Betriebs-Berater 1997, Beilage 12 zu Heft 34, S. 1-16.

Lachnit, Laurenz/Müller, Stefan (2002): Probleme bei der wertorientierten Performancedarstellung von Unternehmen, in: Der Betrieb 2002, S. 2553-2559.

Lachnit, Laurenz/Müller, Stefan (2004): Bilanzanalytische Behandlung von Pensionsverpflichtungen, in: Der Betrieb 2004, S. 497-506.

Leffson, Ulrich (1984): Bilanzanalyse, 3. Aufl., Stuttgart 1984.

Männel, Wolfgang (1998): Thesen zum Ergebniscontrolling, in: Kostenrechnungspraxis 1998, S. 234-238.

Mandl, Gerwald/Rabel, Klaus (1997): Unternehmensbewertung: eine praxisorientierte Einführung, Wien 1997.

Meier, Karin/Recktenwald, Stefan (2006): Direktzusage in der betrieblichen Altersversorgung: ein Durchführungsweg mit Zukunft, in: Betriebs-Berater 2006, S. 707-712.

Molzahn, Sybille (2006): Die Bilanzierung der betrieblichen Altersversorgung nach HGB und IAS/IFRS, Sternenfels 2006, zugl.: Pforzheim, Fachhochschule, Diplomarbeit, 2005.

Moxter, Adolf (1986): Vermögenslage gem. § 264, in: Leffson, Ulrich/Rückle, Dieter/Großfeld, Bernhard (Hrsg.): Handwörterbuch unbestimmter Rechtsbegriffe im Bilanzrecht des HGB, Köln 1986, S. 346-351.

Mühlberger, Melanie/Schwinger, Reiner (2006): Betriebliche Alterversorgung und sonstige Leistungen an Arbeitnehmer nach IFRS: Bilanzierung und Bewertung von Employee Benefits, München 2006.

Pellens, Bernhard/Crasselt, Nils (2005): Funding Strategies for Defined Benefit Plans and the Measurement of Leverage Risk, in: Ballwieser, Wolfgang (Hrsg.): Current Issues in Financial Reporting and Financial Statement Analysis, Schmalenbach Business Review 2005, Special Issue 2/05, Düsseldorf u.a. 2005, S. 3-33.

Pellens, Bernhard/Fülbier, Rolf Uwe/Gassen, Joachim (2006): Internationale Rechnungslegung, 6. Aufl., Stuttgart 2006.

Pellens, Bernhard/Fülbier, Rolf Uwe/Sellhorn, Thorsten (2004): Bilanzierung leistungsorientierter Pensionspläne bei deutschen und US-amerikanischen Unternehmen – Vorschlag und Simulation einer Weiterentwicklung von SFAS 87, in: Die Betriebswirtschaft 2004, S. 133-153.

Petersen, Jochen (2002): Rechnungslegung für Pensionsverpflichtungen nach HGB, US-GAAP und IAS, Düsseldorf 2002, zugl.: Saarbrücken, Univ., Diss., 2001.

Planert, Susanne (2006): Bilanzierung von Pensionsverpflichtungen – kritische Analyse von HGB, US-GAAP und IAS/IFRS, Wiesbaden 2006, zugl.: Frankfurt a.M., Univ., Diss., 2005.

Postert, Andreas/Wolz, Matthias (1999): Die Bilanzierung von Pensionsrückstellungen nach HGB und US-GAAP, in: Der Betrieb 1999, S. 2173-2178.

Rhiel, Raimund (2000): Zur Diskussion gestellt: Ist die Einrechnung künftiger Rentenanpassungen in eine Pensionsrückstellung nach IAS oder US-GAAP nicht doch ein Denkfehler?, in: Der Betrieb 2000, S. 685-686.

Rhiel, Raimund (2005): Pensionsverpflichtungen im IFRS-Abschluss – die Neuerungen in IAS 19 vom Dezember 2004, in: Der Betrieb 2005, S. 293-297.

Rückle, Dieter (1986): Finanzlage, in: Leffson, Ulrich/Rückle, Dieter/Großfeld, Bernhard (Hrsg.): Handwörterbuch unbestimmter Rechtsbegriffe im Bilanzrecht des HGB, Köln 1986, S. 168-184.

Schäfer, Marcus/Wojtysiak, Christian (2002): Pensionsfonds als Instrument zur innovativen Ausgestaltung von Versorgungswerken im Rahmen der betrieblichen Altersversorgung, in: Finanzbetrieb 2002, S. 349-360.

Schildbach, Thomas (1999): Pensionsverpflichtungen nach US-GAAP/IAS versus HGB/GoB und die Informationsfunktion des Jahresabschlusses, in: Zeitschrift für Betriebswirtschaft 1999, S. 957-977.

Schwinger, Reiner/Jasper, Thomas (2004): Kapitaldeckung betrieblicher Altersvorsorge und Jahresabschluss, in: Finanzbetrieb 2004, Beilage 1, S. 26-33.

Schwinger, Reiner/Mühlberger, Melanie (2004): Gestaltungsspielräume bei der Erstanwendung der IFRS am Beispiel von Pensionsverpflichtungen, in: Zeitschrift für internationale und kapitalmarktorientierte Rechnungslegung 2004, S. 29-35.

Siepe, Günter (1997): Die Belastungen der Unternehmensergebnisse durch Pensionszusagen, in: Fischer, Thomas/Hömberg, Reinhold (Hrsg.): Jahresabschluss und Jahresabschlussprüfung: Probleme, Perspektiven, internationale Einflüsse, Festschrift zum 60. Geburtstag von Jörg Baetge, Düsseldorf 1997, S. 451-486.

Solaro, Dietrich (1998): Controlling, in: Busse von Colbe, Walther/Pellens, Bernhard (Hrsg.): Lexikon des Rechnungswesens: Handbuch der Bilanzierung und Prüfung, der Erlös-, Finanz-, Investitions- und Kostenrechnung, 4. Aufl., München u.a. 1998, S. 169-173.

Süchting, Joachim (1995): Finanzmanagement: Theorie und Politik der Unternehmensfinanzierung, 6. Aufl., Wiesbaden 1995.

Thoms-Meyer, Dirk (1996): Grundsätze ordnungsmäßiger Bilanzierung für Pensionsrückstellungen: unter Berücksichtigung von SFAS 87 und SFAS 106, Düsseldorf 1996, zugl.: Münster (Westfalen), Univ., Diss., 1995.

Wagenhofer, Alfred (2006): Zusammenwirken von Controlling und Rechnungslegung nach IFRS, in: Wagenhofer, Alfred (Hrsg.): Controlling und IFRS-Rechnungslegung – Konzepte, Schnittstellen, Umsetzung, Berlin 2006, S. 1-20.

Weber, Jürgen/Müller, Roman/Sorg, Mascha (2004): Rating & Controlling: Was Controller wissen müssen, Vallendar 2004.

Weißenberger, Barbara E. (2004): Integrierte Rechnungslegung und Unternehmenssteuerung: Bedarf an kalkulatorischen Erfolgsgrößen auch unter IFRS?, in: Controlling & Management 2004, Sonderheft 2, S. 72-77.

Weißenberger, Barbara E. (2005): Controlling unter IFRS: Möglichkeiten und Grenzen einer integrierten Erfolgsrechnung, in: Weber, Jürgen/Meyer, Matthias (Hrsg.): Sammelband zur 3. Controllertagung der Kommission Rechnungswesen im Verband der Hochschullehrer für Betriebswirtschaft, 09./10. September 2004 in Vallendar, S. 2-28. Online-Quelle: http://geb.uni-giessen.de/geb/volltexte/2005/2320 (aktualisiert am 17.8.2006).

Weißenberger, Barbara E./Arbeitskreis „Controller und IFRS" der International Group of Controlling (2006): Controller und IFRS: Konsequenzen einer IFRS-Finanzberichterstattung für die Aufgabenfelder von Controllern, in: Betriebswirtschaftliche Forschung und Praxis 2006, S. 342-364.

Wellisch, Dietmar (2004): Unternehmensbesteuerung und die Finanzierung der betrieblichen Altersvorsorge – Ein Vorteilhaftigkeitsvergleich zwischen Direktzusagen und Pensionsfonds, in: Schmalenbachs Zeitschrift für betriebswirtschaftliche Forschung 2004, S. 599-617.

Wellisch, Dietmar/Schwinger, Reiner (2004): Einzelbewertung oder korrespondierende Bewertung: Die Bilanzierung von Pensionszusagen mit Asset Funding, in: Dirrigl, Hans/Wellisch, Dietmar/Wenger, Ekkehard (Hrsg.): Steuern, Rechnungslegung und Kapitalmarkt: Festschrift für Franz W. Wagner zum 60. Geburtstag, Wiesbaden 2004, S. 245-263.

Wöhe, Günter/Bilstein, Jürgen (2002): Grundzüge der Unternehmensfinanzierung, 9. Aufl., München 2002.

Wolfsdorf, Kurt (1997): Versicherungsmathematik Teil 1: Personenversicherung, 2. Aufl., Stuttgart 1997.

Zimmermann, Jochen/Schilling, Sebastian (2004): Änderung der Bilanzierung von Pensionsverpflichtungen nach IAS 19 und deren Wirkung auf die Jahresabschlüsse deutscher Unternehmen, in: Zeitschrift für internationale und kapitalmarktorientierte Rechnungslegung 2004, S. 485-491.